全国高校思政课名师工作室（苏州大学）建设教材

江苏省高校优秀青年思想政治理论课教师"领航·扬帆"计划支持

苏州大学人文社会科学"喜迎二十大"专项课题建设教材

张晓　编著

《哥达纲领批判》导读

江苏人民出版社

图书在版编目（CIP）数据

《哥达纲领批判》导读 / 张晓编著. —— 南京：江苏人民出版社，2023.12

（马克思主义经典著作导读系列）

ISBN 978-7-214-28672-7

Ⅰ.①哥… Ⅱ.①张… Ⅲ.①哥达纲领批判 - 马克思著作研究 Ⅳ.①A811.24

中国国家版本馆CIP数据核字(2023)第198911号

书 名	《哥达纲领批判》导读
编 著 者	张 晓
责任编辑	陈 颖
装帧设计	刘莘莘
责任监印	工 娟
出版发行	江苏人民出版社
地 址	南京市湖南路1号A楼，邮编：210009
照 排	江苏凤凰制版有限公司
印 刷	江苏凤凰通达印刷有限公司
开 本	890毫米×1240毫米 1/32
印 张	8
字 数	163千字
版 次	2023年12月第1版
印 次	2023年12月第1次印刷
标准书号	ISBN 978-7-214-28672-7
定 价	48.00

（江苏人民出版社图书凡印装错误可向承印厂调换）

总　序

　　习近平总书记指出："战略问题是一个政党、一个国家的根本性问题。战略上判断得准确，战略上谋划得科学，战略上赢得主动，党和人民事业就大有希望。……战略是从全局、长远、大势上作出判断和决策。我们是一个大党，领导的是一个大国，进行的是伟大的事业，要善于进行战略思维，善于从战略上看问题、想问题。"[1]要做好战略布局，首先必须解决"知"的问题。只有更好地"知"规律、"知"大局、"知"大势、"知"长远，才能更精准地把握人类发展大趋势、世界演变大格局、中国发展大方位，才能从全局、长远、大势上作出科学的战略谋划；反之，如果在理论思维和战略上判断失误了，那付出的代价将是不可估量的。毛泽东曾形象地阐述过这个问题："坐在指挥台上，如果什么也看不见，就不能叫领导。坐在指挥台上，只看见地平线上已经出现的大量的普遍的东西，那是平平常常的，也不能算领导。只有

1　《习近平谈治国理政》第四卷，外文出版社 2022 年版，第 31 页。

当着还没有出现大量的明显的东西的时候，当桅杆顶刚刚露出的时候，就能看出这是要发展为大量的普遍的东西，并能掌握住它，这才叫领导。"[1]

　　那么，如何才能更好地"知"规律、"知"大局、"知"大势、"知"长远呢？从哲学的角度看，现实是本质与现象的融合。要想透过现象把握本质，掌握历史规律，谈何容易！马克思指出："如果事物的表现形式和事物的本质会直接合而为一，一切科学就都成为多余的了。"[2]因此，现实绝不是直接可见的，同样，历史规律也绝不是仅仅依靠"眼睛"的直观就能看透的。望远镜可以穿越自然时空，看到浩瀚宇宙，然而射程再远的望远镜也望不穿历史时空，透视历史发展的规律；放大镜可以放大微小的物什，但倍数再大的放大镜也放不出时代发展大势；显微镜可以看透微尘粒子，但再精确的显微镜也看不透世界发展潮流。要把握历史规律，看透时代大势，认清世界潮流，就必须借助理论思维的慧眼。"一个民族要想站在科学的最高峰，就一刻也不能没有理论思维。"[3]中华民族要实现伟大复兴，也同样一刻不能没有理论思维。而要"形成和提升这方面的能力，就要全面掌握辩证唯物主义和历史唯物主义的世界观和方法论。这是领导干部练就过

1　《毛泽东文集》第3卷，人民出版社1996年版，第394—395页。
2　马克思：《资本论》第3卷，人民出版社2004年版，第925页。
3　《马克思恩格斯选集》第3卷，人民出版社2012年版，第875页。

硬本领的法宝，每个领导干部都要好好学习，全面掌握，提升能力"[1]。这也是我们党反复强调学哲学、用哲学尤其是马克思主义哲学的重要原因。

"学习理论最有效的办法是读原著、学原文、悟原理，强读强记，常学常新，往深里走、往实里走、往心里走，把自己摆进去、把职责摆进去、把工作摆进去，做到学、思、用贯通，知、信、行统一。"[2]作为科学的世界观和方法论，马克思主义哲学是我们认识世界、把握规律、追求真理、改造世界的强大思想武器，是中国共产党人的"真经"，只有念好"真经"，把握贯穿其中的立场、观点、方法，并用其观察时代、把握时代、引领时代，才能更好地"知"规律、"知"大局、"知"大势、"知"长远，才能全面深化从理论思维向战略谋划再向实践方略的正确转化，增强未来工作的系统性、预见性、创造性，才能更好地解决中国问题，掌握未来发展的主动权。"实践告诉我们，中国共产党为什么能，中国特色社会主义为什么好，归根到底是马克思主义行，是中国化时代化的马克思主义行。"[3]

为贯彻落实习近平总书记"原原本本学习和研读经典著作，

1　习近平：《推进党的建设新的伟大工程要一以贯之》，《求是》2019年第19期。
2　习近平：《坚持用马克思主义及其中国化创新理论武装全党》，《求是》2021年第22期。
3　习近平：《高举中国特色社会主义伟大旗帜　为全面建设社会主义现代化国家而团结奋斗——在中国共产党第二十次全国代表大会上的报告》，人民出版社2022年版，第16页。

努力把马克思主义哲学作为自己的看家本领"和"读原著、学原文、悟原理"的重要指示精神，我们以习近平总书记在重要讲话和报告中提到或引用的马克思恩格斯经典著作为蓝本，精心策划编辑了这套高质量、普及化的插图版辅导读本，以期为党员干部和高校师生学习经典、研读经典提供读本支撑。

不断把践行马克思主义原理水平推向更高境界（代序）

中国共产党成立之后，带领中国人民在民族振兴、国家富强和人民幸福漫长征程中砥砺前行，建立了血浓于水的鱼水关系，将马克思主义的共产主义信仰铸就成为全民族的共同信仰，让革命文化成为全民族的共有文化，将革命理想真正转化为革命动力。同时，中国共产党带领中国人民在长期革命建设改革的过程中，又不断形成科学的、符合时代的真理观，让民族的革命热情能够在现实当中找到科学世界观和实践方法，令革命的崇高理想在现实当中得以不断实现，将理论的哲学转变为实践和斗争的哲学。科学的理论，赋予革命理想的科学性，而革命信仰，又赋予将革命理想付诸现实的强大精神动力。科学性是共产主义信仰区别于任何一种信仰的根本原因，而将革命作为主观信仰，也是马克思主义哲学及其理论区别于其他理论的重要主观特质。在新征程中，应当继续坚定共产主义信仰，不断把理解和践行马克思主义推向更高境界。

一、充分将马克思主义原理同时代现实相结合

坚持理论与实践相统一，在成功实践基础上不断升华理论，是中国共产党人发展马克思主义哲学的基本方法。习近平总书记指出："实践证明，马克思主义的命运早已同中国共产党的命运、中国人民的命运、中华民族的命运紧紧连在一起，它的科学性和真理性在中国得到了充分检验，它的人民性和实践性在中国得到了充分贯彻，它的开放性和时代性在中国得到了充分彰显！"[1] 在新时代认识马克思恩格斯的理论及其贡献，关系到能够正确和创造性继承马克思主义，关系到中国特色社会主义发展方向能够和人类发展方向一致。

马克思在创作革命理论、指导革命运动的过程中，具备广阔的国际视野，切实将共产主义运动的世界性、时代性相结合，成为无产阶级运动的科学方法论。在新时代建设中国特色社会主义同样要继承和运用科学的理论和实践方法论，凸显马克思主义作为真理的时代性，以及作为指导全人类革命纲领的开放性。要科学认清马克思主义的时代观和时代性，将中国作为马克思主义在 21 世纪的实践场、延伸地。

第一，要用时代的眼光正确分析马克思主义原理的实践意义。中国特色社会主义进入新时代，是基于人类发展史角度，对中国特色社会主义的发展水平、发展目标和发展阶段的准确判断，蕴含了丰富的矛盾观、自然观、发展观、人类观。

---

[1] 习近平：《在纪念马克思诞辰 200 周年大会上的讲话》，人民出版社 2018 年版，第 14 页。

恩格斯提出："历史不外是各个世代的依次交替。每一代都利用以前各代遗留下来的材料、资金和生产力；由于这个缘故，每一代一方面在完全改变了的条件下继续从事先辈的活动，另一方面又通过完全改变了的活动来改变旧的条件。"[1]中国特色社会主义，是一代又一代的中国共产党和中国人民经历一个世纪艰苦卓绝的奋斗创造的实现中华民族伟大复兴之路。习近平总书记指出，"新时代十年的伟大变革，在党史、新中国史、改革开放史、社会主义发展史、中华民族发展史上具有里程碑意义。"[2]中国特色社会主义的发展呈现深刻的阶段性特征，是对马克思关于发展史论述的现实验证，也是对社会主义在中国发展特征的客观归纳；中国特色社会主义进入新时代，是党对中国特色社会主义发展阶段的科学描述，是科学运用马克思主义基本原理和基本方法分析中国社会主义革命建设进程的又一重大成果。习近平总书记指出，中国特色社会主义进入新时代，是"承前启后、继往开来"的时代，[3]是我国政治、经济、文化、社会和生态全面建设的新进程，该进程必将同中华民族伟大复兴和人类历史发展进程紧紧融合在一起，通向实现人类解放的共同目标。

1　《马克思恩格斯全集》第 3 卷，人民出版社 1960 年版，第 51 页。
2　习近平：《高举中国特色社会主义伟大旗帜　为全面建设社会主义现代化国家而团结奋斗——在中国共产党第二十次全国代表大会上的报告》，人民出版社 2022 年版，第 15 页。
3　习近平：《决胜全面建成小康社会　夺取新时代中国特色社会主义伟大胜利——在中国共产党第十九次全国代表大会上的报告》，人民出版社 2017 年版，第 10 页。

第二，要用全人类的眼光正确评估马克思主义原理的时代价值。世界处于百年未有之大变局，政治、经济、安全、卫生、生态等面临巨大的变革，挑战与危机并存，对各国政府政党治理能力和应变能力也提出了巨大考验，包括资本主义国家政府在内的各国执政者纷纷期望从马克思主义经典作家的文本中寻得答案。对此，一方面，我们要像马克思那样拥有宽阔的分析视野。作为世界无产阶级革命运动的导师，马克思在生前论述了多个国家的政治经济和社会情况，为无产阶级勾勒了全世界革命运动的图景，深刻分析了不同国家的无产阶级运动的形势和条件。《哥达纲领批判》针对德国的情况提出了无产阶级运动路线，极大丰富了无产阶级的运动理论，更为各个国家和民族展示了革命路线的多元性，为各国按本国实际情况开展无产阶级运动提供了重要样板。另一方面，要像马克思那样拥有宽阔的分析格局。马克思主义认为，人是一切社会关系的总和。恩格斯具体说道："地域性的个人为世界历史性的、经验上普遍的个人所替代。不这样，（1）共产主义就只能作为某种地域性的东西而存在；（2）交往的力量本身就不可能发展成为一种普遍的因而是不堪忍受的力量：它们会依然处于地方的、笼罩着迷信气氛的'状态'；（3）交往的任何扩大都会消灭地域性的共产主义……而这是以生产力的普遍发展和与此相联系的世界交往为前提的。"[1] 当前，一个国家或者地区的问题往往会扩展成为全球性问题，一个

1　《马克思恩格斯文集》第1卷，人民出版社2009年版，第538—539页。

单纯的公共事件往往会造成一系列复杂的效应和后果。因此，要充分运用马克思主义的科学分析方法和视野，应对各类大变局。

第三，要用马克思主义的科学理论方法分析习近平新时代中国特色社会主义思想。习近平新时代中国特色社会主义思想，是适应并引领新时代中国特色社会主义事业发展的指导思想，有着极强的有机性和逻辑性、科学性。理解习近平新时代中国特色社会主义思想，就需要坚持运用马克思的全面论述方法，从哲学的、政治经济学的、科学社会主义的视域，有机地、系统地形成真理链，诠释好习近平新时代中国特色社会主义思想作为 21 世纪马克思主义对中国特色社会主义事业的全方位指导意义。在《哥达纲领批判》中，马克思采用了哲学分析、政治经济分析和科学社会主义分析有机结合的探讨模式。理解阐释好习近平新时代中国特色社会主义思想，不应当仅仅是马克思主义理论学科的任务，而应当是包括人文科学和自然科学在内的所有学科的共同任务。应当像马克思那样，充分结合时代发展的各项成果，体会习近平新时代中国特色社会主义思想在中国特色社会主义各个领域的指导地位。如此，才能够体会，习近平新时代中国特色社会主义思想为什么能够被称为"21 世纪中国的马克思主义"，凭什么能够全方位指导中国特色社会主义事业发展。也只有用马克思主义的基本理论方法，才能够发展好当代的马克思主义，保证理论的本色不褪色，方向不转向。

第四，要将马克思的理论方法运用于新时代中国特色社会主义实践中。马克思在《哥达纲领批判》中的理论批判，也是无产阶级革命实践的指南。我们需要切实将这些理论分析方法应用到实践中，不断强化马克思主义方法论的现实效能。一方面，要善于从当代中国特色社会主义实践中不断凝练马克思主义方法论。马克思在其作品中熟练运用阶级分析法、矛盾分析法、历史分析法等多种方法，形成了强叙事性、强理论性的风格，实现了自然辩证法与社会生产考察法的有机结合。不同的时代，方法论往往具有不同的表现形式，因此，要随着社会主义建设事业的发展，不断更新马克思主义方法论的论述方式，形成21世纪马克思主义的方法论话语体系。另一方面，要善于运用好马克思主义方法论，确保实践的科学性。《共产党宣言》提出，共产党能够"更善于了解无产阶级运动的条件、进程和一般结果"。[1]把握现实、改造现实，是无产阶级及其政党的首要本领和目标。应当在实事求是把握社会主义发展现实进展的前提下，作出科学指导并实施发展策略，确保中国特色社会主义事业始终沿着科学、合规、有序的方向健康稳定发展。

二、充分结合本土文化开展理论创新

马克思主义原理有着明显的民族化特征，是马克思根据德国国内的革命斗争形势，运用政治经济学批判形成的。五千多年中华文明所孕育的中华优秀传统文化，蕴含丰富深

1　《马克思恩格斯全集》第4卷，人民出版社1958年版，第479页。

厚的哲学思想，是推动马克思主义中国化时代化的智慧宝库。中国共产党始终注重创造性继承中国传统哲学，丰富党的思想资源。毛泽东指出，"中国共产党人是我们民族一切文化、思想、道德的最优秀传统的继承者，把这一切优秀传统看成和自己血肉相连的东西，而且将继续加以发扬光大。"[1]中国共产党始终善于从中华优秀传统文化中获取哲学思想，不断创造马克思主义的最新理论。习近平新时代中国特色社会主义思想无处不闪耀着中国传统哲学的智慧之光。

中国共产党始终重视本土文化在马克思主义文化建设中的重要性。中华优秀传统文化是支撑国家现代文化的根基。首先，中国共产党重视将科学社会主义基本原则同历史文化传统相结合，习近平新时代中国特色社会主义思想扎根中华文化，成为具有鲜明民族性、传承性的理论思想。其次，中国共产党人善于运用科学方法，批判性继承中国传统哲学。习近平总书记指出："中国特色社会主义文化，源自于中华民族五千多年文明历史所孕育的中华优秀传统文化，熔铸于党领导人民在革命、建设、改革中创造的革命文化和社会主义先进文化，植根于中国特色社会主义伟大实践。"[2]中国共产党将中华传统文化同本国发展实际、时代发展要求相结合，令中华传统文化重焕生机，在新时代熠熠生辉，极大增强了

---

1 《建党以来重要文献选编（1921—1949）》（第二十册），人民出版社 2011年版，第318页。

2 习近平：《决胜全面建成小康社会 夺取新时代中国特色社会主义伟大 胜利——在中国共产党第十九次全国代表大会上的报告》，人民出版社 2017年版，第41页。

民族凝聚力、强化了民族认同感、提升了民族自信心。最后，中国共产党成功将哲学思维与中国传统哲学有机融合。他将中华优秀传统文化中的自然哲学、人生哲学、治世哲学寓于马克思主义的革命哲学之中，不断开创具有中华民族内在基因的、符合中国社会发展阶段的、契合马克思主义革命性的哲学发展理论。习近平新时代中国特色社会主义思想极大巩固了马克思主义在弘扬传统文化、重拾文化自信过程中的理论指导地位，也极大巩固了马克思主义在民族精神和民族思想中的内核地位。

中国特色社会主义事业发展为马克思主义发展提供了现实土壤，这是马克思主义不断在我国取得重大推进的现实保证。在新时代，进一步扎根文本，结合现实，推进马克思主义在21世纪继续散发真理光芒，既是党的理论体系创新发展的要求，也是重要需求。马克思主义始终能够为中国特色社会主义事业发展提供坚实的理论、方法和精神支持。在当前，同样也应当从历史的和现实的两种角度，充分把握马克思主义经典文本的创作和出版过程，感受与学习无产阶级导师始终不渝追求真理道路的科学态度和崇高热情。

马克思主义是实践的真理、开放的理论，实践是马克思主义中国化时代化不断发展的现实依据。习近平新时代中国特色社会主义思想，是从中国特色社会主义事业发展中凝练而来，是马克思主义与时俱进的最新成果。一方面，中国共产党始终是马克思主义实践观的坚定笃行者，始终注重从实践中获取真知，向历史学习，向人民学习，向自然学习。"绿水青山就是金山银山"已成为马克思主义者和马克思主义政党正确认识和解决人与自然、自然与社会发展关系问题的杰出范例。另一方面，习近平新时代中国特色社会主义思想始终随着中国特色社会主义事业的发展而不断发展，保持强大生机活力。以习近平同志为核心的党中央不断升华实践水平和理论水平，确保了治国理政的创新性和科学性，确保了习近平新时代中国特色社会主义思想的创新性、科学性和开放性，成为马克思主义中国化时代化不断向前推进的强大动力和保障。

三、要通过研读马克思主义原理坚定斗争信念

将科学的哲学理论与革命信仰相融合，是中国共产党人发展马克思主义哲学的主观特色。科学社会主义既不同于空想社会主义——空有社会主义热情却缺乏科学理论基础，又不同于其他学说——虽有理论建构却缺乏实践情怀。马克思主义的形成，既源自对人类发展一般规律的科学归纳，又有对推动人类解放事业的崇高革命理想。马克思主义的共产主义革命目标，是科学性和主观情感性的高度统一，是将马克思主义哲学中关于人类社会发展对立统一、否定之否定和质量互换科学规律，同人发挥主观能动和主观意志高度统一的结果。

马克思对共产主义的崇高信仰，是支撑他在动荡年代面对困难不动摇、攻坚难题不懈怠、领导革命不停滞的伟大精神动力。19世纪，面对工人阶级的兴起与挫折，面对资本主

义和庸俗社会主义理论者的攻讦，面对自身困难的生活处境，马克思和恩格斯一道凭借惊人的毅力和革命热情，为世界无产阶级运动留下了丰富的著作和革命动力。新时代，是中国特色社会主义发展的新阶段，是中国共产党执政的新阶段，也是世界无产阶级运动的新阶段。在新阶段下，革命面临的形势、具体的任务、斗争形式方法和对象都面临巨大的转变。但是，共产主义信仰的内涵没有任何变化。

第一，要始终铭记共产主义的信仰依旧是新时代的信仰。习近平总书记指出："不忘初心，方得始终。对马克思主义的信仰，对社会主义和共产主义的信念，是共产党人的政治灵魂，是共产党人经受住各种考验的精神支柱。"[1] 共产主义归根到底是实现人的解放，共产主义信仰归根到底是为了实现人的解放而奋斗。当前，中国特色社会主义道路取得伟大成就，但解放和发展生产力的阻碍仍在，人民对美好生活的需要和生产力不平衡不充分发展的矛盾依旧突出。实现全人类从必然王国进入自由王国的飞跃，个人成为"自己的社会结合的主人"、自然界和自身的主人，[2] 是新时代共产主义政党、党员和群众的共同信仰，是让全民族和全人类凝心聚气、同心同德的价值共识和目标共识。人与人之间互为实现各自需求的协作者，打造实现共同理想的共同体，实现民族、国家和个人的共同发展，是新时代共产主义信仰的现实体现。

1　习近平：《在纪念朱德同志诞辰 130 周年座谈会上的讲话》，人民出版社 2016 年版，第 6 页。
2　参见《马克思主义文集》第 3 卷，人民出版社 2009 年版，第 566 页。

要站在世界共产主义运动的高度，正确看待中国特色社会主义新时代信仰的独特本土内涵、独特时代内涵；要站在新时代的角度，正确分析共产主义信仰之于本土和本时代的现实引领意义。

第二，要始终不忘无产阶级及其政党在新时代的革命斗争自觉。习近平总书记指出："新时代中国特色社会主义是我们党领导人民进行伟大社会革命的成果，也是我们党领导人民进行伟大社会革命的继续，必须一以贯之进行下去。"[1] 革命是人类历史发展的直接动力，是无产阶级及其政党推动社会主义向共产主义转变，进而改造世界、解放全人类的强大实践武器。无产阶级及其政党在现实中不断探索和践行无产阶级革命理论和实践新境界，不断提升马克思主义的真理性，也不断开辟马克思主义的新境界。"共产党人为工人阶级的最近的目的和利益而斗争，但是他们在当前的运动中同时代表运动的未来。"[2] 作为反映全人类发展的客观真理，以及无产阶级运动的科学指导，"共产主义者不是把某种哲学作为前提，而是把迄今为止的全部历史，特别是这一历史目前在文明各国造成的实际结果作为前提。"[3] 马克思主义的实践性、历史性，决定了这门学科是革命性的学科，它所指导的是革命性的事业。"只要进一步发挥我们的唯物主义论点，

1　《习近平关于"不忘初心、牢记使命"论述摘编》，党建读物出版社、中央文献出版社 2019 年版，第 37 页。
2　《马克思恩格斯文集》第 2 卷，人民出版社 2009 年版，第 65 页。
3　《马克思恩格斯文集》第 1 卷，人民出版社 2009 年版，第 672 页。

并且把它应用于现时代，一个强大的、一切时代中最强大的革命远景就会立即展现在我们面前。"[1] 中国特色社会主义进入新时代，依旧要将辩证思想运用于实际，坚持伟大斗争，推动党和国家事业不断向前发展。

第三，要始终心怀集体主义和奉献主义精神。无产阶级革命是广大无产阶级共同创造历史、改变人类社会的壮举，是每个人经过社会关系凝结在一起，向着共同目标奋斗的过程，每个劳动者都是革命者和奉献者。作为无产阶级运动的导师，马克思和恩格斯终其一生都在为国际无产阶级运动奔波。马克思在生前，克服被驱逐、经济拮据、家庭变故等常人难以想象的困难，为人类解放事业创作了不朽作品，与恩格斯一道领导国际工人运动。马克思逝世之后，恩格斯既要整理马克思丰富深邃的创作手稿，又要捍卫马克思主义的真理性，还要具体指导共产主义运动，将自己全身心奉献给了无产阶级和人类解放事业。他曾说："我担负着编印马克思遗稿的责任，这比其他一切事情都远为重要。此外，我的良心也不允许我作任何修改"[2]，"我喜欢这种劳动，因为我又和我的老朋友在一起了"[3]。同时，他反复在作品中强调马克思的理论贡献，比如他说："唯物主义历史观和通过剩余价值揭开资本主义生产的秘密，都应当归功于马克思。"[4] 而马

---

1 《马克思恩格斯文集》第 1 卷，人民出版社 2009 年版，第 597 页。
2 《马克思恩格斯文集》第 9 卷，人民出版社 2009 年版，第 11 页。
3 《马克思恩格斯全集》第 36 卷，人民出版社 1975 年版，第 28 页。
4 《马克思恩格斯文集》第 3 卷，人民出版社 2009 年版，第 545—546 页。

克思也曾感慨道："我的良心经常像被梦魇压着一样感到沉重，因为你主要是为了我才把你的卓越才能浪费在经商上面，使之荒废，而且还要分担我的一切琐碎的苦恼。"[1]马克思和恩格斯为全人类真正展现了什么是一名人类解放事业的斗士应当具备的智慧和品格。

第四，要始终铭记人民是实现共产主义信仰的根本依靠。马克思主义是指导实现全人类解放的科学，是无产阶级的科学。马克思在考察各国阶级状况时，始终关注革命主体和革命对象问题。不论是对资本主义的批判，还是对国际工人运动的指导，马克思在理论上和行动中，无不体现着历史唯物主义的科学方法论，以及对人民的深厚感情。"在我们党内，每个人都应该从普通一兵做起；要在党内担任负责的职务，仅仅有写作才能或理论知识，甚至二者全都具备，都是不够的，要担任领导职务还需要熟悉党的斗争条件，掌握这种斗争的方式，具备久经考验的耿耿忠心和坚强性格，最后还必须自愿地把自己列入战士的行列中——一句话，他们这些受过'学院式教育'的人，总的说来，应该向工人学习的地方，比工人应该向他们学习的地方要多得多。"[2]正确的人民观，不仅令马克思和恩格斯正确阐释了无产阶级政党的建设原则和斗争原则，还正确阐释了人类社会发展观，教会我们正确分清杰出人物和"普通人物"的关系。"与其说是个别人物，

1　《马克思恩格斯文集》第 10 卷，人民出版社 2009 年版，第 256 页。
2　《马克思恩格斯文集》第 4 卷，人民出版社 2009 年版，第 397 页。

即使是非常杰出的人物的动机，不如说是使广大群众、使整个整个的民族，并且在每一民族中间又是使整个整个阶级行动起来的动机；而且也不是短暂的爆发和转瞬即逝的火光，而是持久的、引起重大历史变迁的行动。"[1] 一切为了人民，一切依靠人民，是马克思主义政党的一贯宗旨，是马克思主义历史理论的一贯立场。

1　《马克思恩格斯文集》第4卷，人民出版社2009年版，第304页。

目录

导论 《哥达纲领批判》：科学社会主义最重要的批判性纲领

2018 年，习近平总书记在纪念马克思诞辰 200 周年大会上作重要报告，回顾了马克思的一生，对马克思主义的真理性、革命性、科学性、开放性进行了深刻而全面的阐释。在提到《哥达纲领批判》时，他指出："学习马克思，就要学习和实践马克思主义关于社会建设的思想"，"就要学习和实践马克思主义关于马克思主义政党建设的思想"。[1]

《哥达纲领批判》是马克思在巴黎公社运动之后撰写的一部重要著作。19 世纪 30 年代开始，欧洲爆发了以法国里昂丝织工人两次起义、英国宪章运动和德国西里西亚纺织工人起义为代表的工人阶级革命热潮。三大工人起义同时爆发于法、英、德这三个具有代表性的西方资本主义国家内部，有几

---

1 习近平：《在纪念马克思诞辰 200 周年大会上的讲话》，人民出版社 2018 年版，第 20、23 页。

法国里昂丝织工人起义

英国宪章运动

德国西里西亚纺织工人起义

个重要的象征：一是说明当时欧洲的工人阶级同资
产阶级之间的矛盾已经十分激烈；二是工人阶级的
反抗运动，已经超越了原先的卢德运动模式，逐渐
发展成为有组织、有规模的革命运动；三是欧洲主
要国家内部的资本主义发展相对比较均衡，各国境
内的工人阶级发展均已达到较为发达的程度；四是
西方主要国家的资本主义发展普遍均衡，工人阶级
的发展水平较为接近，因此各国的工人阶级运动得
以在短时间之内彼此呼应，为工人阶级及其政党的
并肩作战提供了重要保证。

可以看到，欧洲主要国家的工人阶级在短时间
内的密集运动，为之后国际共产主义同盟组织的成
立提供了重要契机，也为马克思和恩格斯创造具有
国际视野的工人阶级革命运动纲领提供了现实的素
材参照和主观动机。在此背景之下，欧洲的工人阶
级政党和运动组织开始不断成熟并愈加协同，为马
克思和恩格斯探索工人阶级的整体纲领提供了充实
的现实依据。同时，从这一时期开始，马克思的阶
级观和政治观亦不断发展，《共产党宣言》《1848
年至1850年的法兰西阶级斗争》《路易·波拿巴
的雾月十八日》《国际工人协会成立宣言》《法兰
西内战》《哥达纲领批判》等一大批重要著作纷纷
面世，表明马克思和恩格斯的阶级斗争理论逐渐达
到了高峰。因此，《哥达纲领批判》的撰写，就是

威廉·白拉克（1842—
1880），德国社会民
主工党创建人之一，
代表作为《拉萨尔的
建议》

《〈哥达纲领批判〉
提要和注释》，人
民出版社1973年版

马克思基于数十年来欧洲工人运动和工人阶级及其政党的不断发展，以及斗争形势的不断变化而产生的成果。

《哥达纲领批判》是马克思于1875年创作的一部批判性纲领。这部纲领主要由三部分构成，其一是马克思于1875年5月撰写的《给威廉·白拉克的信》；其二是马克思针对当时德国工人党纲领撰写的《德国工人党纲领批注》，这也构成了《哥达纲领批判》的主要部分；其三是恩格斯于1891年1月为这部作品所撰写的序言。这三个部分共同构成了《哥达纲领批判》的内容，也清楚地反映了这部作品的写作目的和意义。事实上，这部作品已经可以比较完整地反映出马克思和恩格斯对当时欧洲工人运动的整体态度，以及在后来几十年的历史中所起到的作用，是一部重要的工人阶级纲领性作品。

众所周知，马克思主义的三个主要组成部分，分别为马克思主义哲学、马克思主义政治经济学和科学社会主义。而《哥达纲领批判》就是马克思围绕科学社会主义专门撰写的一部具有斗争性的批判大纲。恩格斯于1891年为这本书写的序言中，交代了将《哥达纲领批判》付诸出版的大致原因和时代背景。他指出，在哈雷党代表大会召开的时候，《哥达纲领》正式纳入会议的主要讨论议程，也使得这一纲领将对之后的共产主义运动产生深刻的负面影响。此时，需要即刻将马克思的《哥达纲领批判》公之于众，与《哥达纲领》及其支持者进行坚决的斗争。恩格斯指出，出版《哥达纲领批判》最直接的目标以及更加广泛的作用，是"第一次明确而有力地表明了马克思对拉萨尔开始从事鼓动工作以来所采取的方针的态度，而且既涉及拉萨尔的经济学原则，也涉及他的策略"[1]。那么，为什么当时恩格斯认为要如此批判拉萨尔呢？拉萨尔与马克思和恩格斯相识于1848年欧洲革命期间，并且长期参加革命活动，于1863年担任全德工人联合会主席。但其间，他为寻求国家的帮助，实现其政治意图，不断与当时的德国领导人俾斯麦联系，造成自身威望逐渐下降。由此，拉萨尔与马克思和恩格斯的直接冲突也就不可避免了。

《哥达纲领批判》蕴含丰富的理论内涵，是关于科学社会主义和无产阶级政党建设的重要文献。《哥达纲领批判》的撰写和

全德工人联合会开展革命运动

1　《马克思恩格斯文集》第3卷，人民出版社2009年版，第423页。

出版，为国际共产主义运动提供了实现科学社会主义的具体路径，为科学社会主义的本质性特征提供了根本指南。虽然马克思没有在《哥达纲领批判》中系统地论述政治经济学，但是也充分表明，政治经济学已是工人阶级开展批判的重要手段。

历史已经充分展示，马克思主义在各个时代的发展过程中，需要面对一系列的考验。从无产阶级队伍自身来说，需要解决来自队伍内部的对马克思、恩格斯的不同角度、不同动机、不同水平的解读差异。从无产阶级外部来说，需要面对来自资产阶级及其他反动阶级的理论攻讦，以及周边革命形势的不断变化，包括因国家、民族的差异性进而导致发展道路的差异性，等等。《哥达纲领批判》出版之后，曾招致一些歪曲和抵制。但是，只要是真理，就一定能够经历历史和实践的检验。

《哥达纲领批判》的创作时期，也是国际共产主义运动危机四伏之际。在面对容克（Junker）阶级统治时，无产阶级要面对异常凶险的斗争环境。在当时，为了镇压各国境内的革命力量，德国政府与其他资本主义国家联合起来，形成围剿和扼杀工人阶级运动的同盟。马克思在批判《哥达纲领》时指出，当时各工人党只简单重视各民族的联合，

《政治经济学批判》，
人民出版社1976年版

《〈政治经济学批判〉
序言、导言》，人民
出版社1971年版

《资本论》，人民出版社 2018 年版

但是并没有指出真正的国际职责。这种所谓的"国际主义"在面对反动政权的时候，没有任何实质性的意义。因此，马克思认为，德国工人党的这种立场仅仅是从资产阶级那里照搬而来的，"是要用来代替各国工人阶级在反对各国统治阶级及其政府的共同斗争中的国际兄弟联合的"[1]。在《哥达纲领》中，工人阶级的联合沦为一种口号，极易导致工人阶级丧失斗争主体地位，令工人阶级联盟沦为一个迷失

世界上第一枚《资本论》邮票

1　《马克思恩格斯文集》第 3 卷，人民出版社 2009 年版，第 439 页。

方向的简单的联合体。

　　历史也已经充分证明，《哥达纲领批判》在不同时期、无产阶级革命的不同阶段，都展示了其科学性。"真理越辩越明"。马克思通过批判《德国工人党纲领》，建构出了关于无产阶级运动的正确的政治观和社会观，对之后的无产阶级运动和理论发展奠定了重要的基础。在批判过程中，国家问题成为一个重要的话题，在社会主义运动中的重要性愈加突显。因为国家及其经济、政治、文化等形式，直接决定了社会主义革命成果的性质。当时，资本主义制度尚且稳固，而无产阶级运动的方向、形式面临分歧，无产阶级自身的发展尚需进一步积累，于是就容易出现一系列方向性的问题。及时纠正错

1917年列宁领导俄国十月革命，建立了第一个社会主义国家——俄罗斯苏维埃联邦社会主义共和国

误，对无产阶级运动的发展来说至关重要。因此，
《哥达纲领批判》又可以被视为马克思在革命实践
过程中，通过批判其他社会主义流派的错误立场，
进一步阐发其理论的作品。《哥达纲领批判》的出版，
给当时处于分歧之中的国际共产主义运动带来了极
大震动。当然，这部作品也受到了一些社会主义者
的抵制。但是，俄国十月革命的胜利，以及列宁等
人对《哥达纲领批判》的进一步继承和发展，充分
显示了这一著作对工人阶级运动的重大指导价值，
以及对发现和纠正错误革命方针、理论立场的重要
依据作用。

一、《哥达纲领》是一部怎样的纲领？

19世纪中后期，德国内部阶级形势异常复杂，无产阶级运动如火如荼，成为欧洲革命的主要力量之一。但是，在德国无产阶级政党内部，也出现了不同的流派，其中最具有代表性且实力最强的，就属德国社会民主工党（爱森纳赫派）和全德工人联合会（拉萨尔派）。这两个派别在运动中起初分歧巨大，随着国内斗争形势的变化，普鲁士政府不断采取更加严厉的高压政策，给社会主义运动造成严重的威胁，迫使各社会主义流派逐渐改变原先的策略。因此，工人阶级内部对联合呼声也不断高涨。毕竟，除却一些具体分歧，两个流派在一些重大政治问题，特别是围绕社会主义运动基本原则、对待普法战争和巴黎公社上面，基本持一致或相似的立场。到70年代，两个主要派别寻求合并的意愿越来越明显，并且决定在哥达市召开合并大会。《哥达纲领》就是两派为了召开合并大会而共同商议的一份政治纲领。从这一纲领的内容以及制定的过程来看，应当是两派为了能够达成联合的目的、搁置争议而形成共同纲领，无法避免会有相互妥协的内容。也正因为如此，这一纲领的出台才刻意绕开了马克思和恩格斯。总体来说，这一份纲领是在严峻的斗争形势之下，德国无产阶级政党为了保存并发展革命力量而进行的一种努力，就斗争形势而言，是有一定意义的。但是，就长远来看，由于其中充满了模糊甚至错误的语句，这给之后的无产阶级发展造成了巨大困扰。

（一）容克把持下的普鲁士王国及德国阶级状况

容克是德国历史上一个重要的社会阶层，起源于 16 世纪，到 1871 年，普鲁士王国通过"自上而下"统一了德意志，容克资产阶级统治正式建立。容克本意是当时德意志境内没有骑士称号的贵族子弟，这部分人群在长期的社会发展过程中并没有消失，反而得到长期发展，逐渐分化为作战容克、宫廷容克、议院容克和乡村容克等多个分支。容克阶层深度参与普鲁士王国的政治进程。其中，帝国国会中的德意志保守党和国会外的农民同

奥托·爱德华·利奥波德·冯·俾斯麦（1815—1898），德意志帝国首任宰相

普法战争战场上的俾斯麦

阿道夫·希特勒
（1889—1945），纳
粹德国元首、总理，
第二次世界大战主
要发动者

盟均代表容克利益，军队中的军官也多出身
于容克。因此，容克对王国的政治影响力十
分显著。其间，普鲁士的帝国主义也被称作
"容克资产阶级帝国主义"。出于阶级利
益，容克极力排斥共和政体，这成为之后阿
道夫·希特勒得到拥护并执政的直接政治因
素。在第二次世界大战结束后，德国政治社会发生
深刻变化，容克阶层基本消亡，"容克资产阶级帝
国主义"也由其他政权形式取代。

1.19 世纪普鲁士经济社会发展概况

第一次工业革命，对包括德国在内的西方国家
产生了异常深远的影响，推动了资本主义生产方式

的快速建立。从 19 世纪上半叶开始，德国资本主义取得了长足发展，资本主义工业具备了一定的实力，产业规模不断扩大。工场、工厂数量快速增加，大生产机器取代传统的生产方式，大量手工业者、农民转变为工人，导致工人群体数量快速增加。普鲁士就是当时德国发展的一个重要代表。但是，同英国和法国相比，德国的资本主义发展有着先天的劣势。在英国和法国，资产阶级集中在大城市，他们的力量强大到足以推翻封建阶级，封建制度在两国境内早已没有立锥之地。但是在德国，独特的阶级状态却使得封建土地所有制和资本主义生产方式在一定程度上得以共存。"封建土地所有制差不多到处都还居于统治地位。封建领主甚至还保留着对租佃者的审判权。他们虽然被剥夺了政治上的特权——对各邦君主的控制权，但他们几乎原封不动地保持着对他们领土上的农民的那种中世纪的第一'等级'。"[1] 容克阶层并不是传统意义上的资产阶级，而是带有非常浓厚的封建主义固有形态，导致德国的资本主义并不能够建立在彻底的资本主义环境基础之上，使其同英法资本主义发展仍然存在着较大差距。"当时德

奥利弗·克伦威尔（1599—1658），英国政治家、军事家、宗教领袖，曾自立为英国"护国主"

---

1 《马克思恩格斯文集》第 2 卷，人民出版社 2009 年版，第 353—354 页。

英国光荣革命

国的资产阶级远没有英国或法国的资产阶级那样富裕和集中。德国的旧式工业因蒸汽的采用和英国工业优势的迅速扩张而被摧毁了。在拿破仑的大陆体系之下开始出现的、在国内其他地方建立的现代化的工业，既不足以补偿旧式工业的损失，也不能保证工业有足够强大的影响，以迫使那些对于非贵族的财富和势力的任何一点增强都心怀忌妒的各邦政府考虑现代工业的要求。"[1]

　　尽管德国的资本主义发展同英法相比并不算领先，但是，处于西欧的地理区位，使其不可避免受到其他欧陆运动的影响。加上自身社会的不断变迁，德国成为西欧资本主义发展的代表性国家。当时，德国的发展虽然总体比不上英国，但是也取得了重要的成就。比如，1874年，英国的贸易总额为130

---

[1]　《马克思恩格斯文集》第2卷，人民出版社2009年版，第354页。

多亿马克，德国为 93 亿马克，法国和美国则分别为 66 亿马克和 49 亿马克。德国在 19 世纪 70 年代的发展，具体体现在工业方面。

1871—1875 年德国生铁和煤产量统计

年份	生铁（吨）	煤（吨）
1871	1563700	29373300
1872	1988400	33306400
1873	2240600	36392300
1874	1906200	35918600
1875	2029400	37436400

例如，《德意志帝国统计年鉴》显示，从 1870 年到 1875 年的五年期间，有 9131 公里场的新铁路线投入使用。1875 年，铁路网总长度为 28182 公里，火车站的总数为 3662 个。上述数字对于判断帝国建立初期的情况是很有启发的，因为从中可以看出：1875 年，人口在 2000 人以上的地方有一半通了铁路，这些地方的人口总共为 1250 万人，占城市人口的 75％。如果把居民人数少于 2000 人的 2392 个较小的火车站也计算在内，那么 1875 年占当时德国人口总数 4270 万的 1/3 以上的居民已和铁路交通网有了直接联系。同时，正如马克思和恩格斯所说："随着资产阶级即资本的发展，无产阶级即现代工人阶级也在同一程度上得到发展"[1]。

1　《马克思恩格斯文集》第 2 卷，人民出版社 2009 年版，第 38 页。

19世纪中叶德国铁路网

　　随着工业的进步，德国工人阶级也得到了长足的发展，成为之后各类社会主义流派占据政治舞台的阶级基础。比如，《德意志帝国统计年鉴》还显示，在1871年到1875年这一较短期间，德国城市人口增长了150多万，达1670万，农村人口为2600万。

　　在19世纪前半叶，欧洲爆发了法国里昂丝织工人起义、英国宪章运动，德国本土也爆发了西里西亚纺织工人起义。从此，无产阶级正式作为一个重要阶级成为推动欧洲政治经济社会发展的力量。当时，德国的封建制度虽然在一定程度上被瓦解，但是，"农奴制"这种封建制度的产物依旧在这个国家的农村广泛存在着。封建土地所有制仍然是农村里最基本的土地所有制，广大的德国农民被紧紧捆绑在土地上，遭受着各种土地和资本的剥削。其中有一部分人迁徙到城市中，成为产业工人。在城市，他们依旧要忍受艰苦的生产生活环境，劳动权利没有丝毫的保障。此时，法国爆发二月革命，给长期处于这种困苦条件之下的工人带来了希望。他们立刻走上街头，开展轰轰烈烈的政治社会运动。但是，此时的工人阶级运动由于没有明确的革命纲领，也没有坚强的政党引导，因此很容易被资产阶级政党和思潮误导。政党无产阶级运动开展之时，德国一些资产阶级自由派便粉墨登场。在运动初期，他们为获得无产阶级的支持，抛出了自由民主理念，并且通过召开议会、制定宪政、鼓吹新闻舆论

德意志三月革命

自由等方式，获得无产阶级的支持。但是，由于根本利益的差别，随着运动的开展，资产阶级终于暴露了原有的面貌，他们开始与无产阶级反目，广泛打压和逮捕革命者，扼杀无产阶级运动。由此，德国的三月革命最终以失败告终。

在这一段时期，德国始终处于相对分裂的状态，容克始终是国家政权的把持者，他们对国家的统治

愈加极权化，对人民的剥削和控制也更加严苛。德国的封建经济制度和封建政治制度的依存，给当地资产阶级带来了巨大的发展困难。由于工业区分布非常分散，且远离港口，资产阶级的产业无法在本国得到快速成长。总体来说，德国的资产阶级只能在每一次革命过程中获得逐步发展，无法形成诸如英国和法国那样的阶段突破式增长。而德国境内实现的突破式增长，较英法而言则要晚得多——马克思和恩格斯认为，直到1840年开始，德国社会革命才开始迎来深刻的变革。"随着财富的增多和贸易的扩展，资产阶级很快就达到了这样一个阶段：它发现自己最重要的利益的发展受到本国政治制度的约束，国家被36个意图和癖好互相矛盾的君主所任意分割，封建压迫束缚着农业和与之相联系的商业，愚昧而专横的官僚统治对资产阶级的一切事务都严加监视。同时，关税同盟的扩大与巩固，蒸汽在交通方面的普遍采用，国内贸易中日益加剧的竞争，使各邦各省的商业阶级互相接近，使它们的利益一致起来，力量集中起来了。这一情况的自然结果就是：它们全都转到自由主义反对派的营垒中去了，德国资产阶级争取政治权利的第一次严重斗争获得了胜利。"[1]德国革命更加呈现出渐进式

1　《马克思恩格斯文集》第2卷，人民出版社2009年版，第355页。

的发展过程。

尽管如此，容克的统治并不能阻碍资本主义民主制度的到来。资本主义政治制度的完善，为人民提供了越来越多的参与国家政治活动的机会。这使强硬的俾斯麦也不得不作出政治让步。但是，这种让步并不意味对人民群众态度的根本性转变。德国当时的社会和政治矛盾依旧尖锐，建立高度的极权化统治依旧是统治阶级最明显的政治意图。

2. 德国的社会主义思想和无产阶级运动发展状况

随着马克思和恩格斯更加具体和深刻把握西欧无产阶级运动的整体状况，他们的无产阶级革命理论也不断发展。1848年，他们在布鲁塞尔创作了《共产党宣言》，正式为无产阶级运动提供了科学的革命纲领和理论指导，并正式开创了无产阶级运动和人类解放运动的新纪元。自此以后，各个国家的无产阶级运动和无产阶级政党得到了迅猛的发展，无产阶级运动迎来了空前的局面。

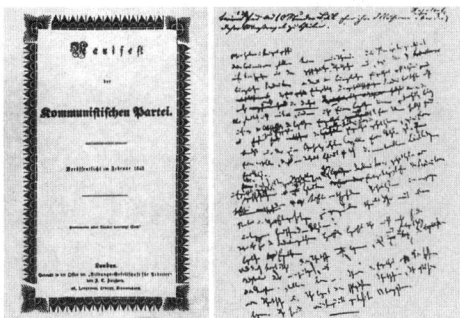

《共产党宣言》1848年德文第一版封面（左）与手稿第一页（右）

　　囿于德国当时阶级发展的现实状况，其阶级运动的实际进展要比英法缓慢得多。对于工人阶级来说，他们在运动中面临的斗争形势、斗争目标和斗争对象，都因工人阶级自身的发展程度而受到影响。工人阶级、资产阶级和地主阶级的关系错综复杂，政党关系也微妙异常，这令无产阶级的斗争路线和理论也极易发生变化。恩格斯在当时就指出："现在，德国工人阶级中的多数人并不是受雇于现代的工业巨头（大不列颠的工业巨头是最好的标本），而是受雇于小手工业者，他们的全部生产方法，只是中世纪的遗迹。……如果说资产阶级的积极运动可以从 1840 年算起，那么工人阶级的积极运动则开始于 1844 年西里西亚和波希米亚的工人起义。"[1] 在阶级运动过程中，普鲁士王国各阶级力量不断变化，阶级间的关系也不断发生改变。不过，由于普鲁士本土经济社会发展的特点，当时工人组织和工人力量不平衡发展的现象始终存在。这使得工人阶级不具备在德国境内统一发动革命斗争的条件，极易导致无产阶级政党的革命路线和革命策略发生动摇。同时，工人阶级的天然同盟军农民阶级也面临类似的困境。由于资产阶级和工人阶级的壮大，当时的德国农民阶级力量也支离破碎，十分松散，与工人阶

1　《马克思恩格斯文集》第 2 卷，人民出版社 2009 年版，第 357 页。

级相比更加难以掀起有效的运动。

19 世纪德国的阶级斗争具有独特性。一方面，容克阶级具有十分浓厚的封建性质，这同产业资本家性质有巨大差别，导致他们的阶级利益更加体现在土地上。另一方面，以土地为中心的阶级矛盾，也导致了容克阶级和广大德国无产阶级的矛盾与英法等资产阶级国家的矛盾不同，革命的情势也不尽相同。同后两个国家相比，德国社会变革并不彻底，这导致德国无产阶级的力量不足以推动社会整体变革，革命的方式方法也缺乏明确的革命性。但是，当时无产阶级与容克之间的矛盾又已经十分激烈。对于尚在黑暗中摸索的德国无产阶级来说，拥有一个科学的纲领可能比当时其他国家的无产阶级更加迫切。

在当时，德国出现的各种革命思想，确实给工人阶级运动带来了巨大的迷惑性。在理论方面，恩格斯重点对当时的一些既有社会主义理论进行了全面审视。随着工人阶级运动的不断开展，实现社会主义已经成为广大德国城市和农村无产阶级的共同意愿，但是这种意愿也容易成为一些虚伪革命阶级的护身符。随着法国革命的影响，以及一些不成熟的社会主义思潮传入德国，社会主义在当时似乎成为一个广受好评的时髦用语，被各个阶层用作革命的宣传标语。但是，各种伪社会主义的、庸俗社会主义的流派也借此粉墨登场，给德国的无产阶级革命和政党发展带来了不小困扰。

譬如，1844 年，德国小资产阶级中间就成立了所谓的"真正的社会主义"（或称为"德国的社会主义"）。"真正的社会主义"是 19 世纪中叶在德国出现的一个具有代表性的反动社会主义流派。代表人物包括卡·格律恩、莫·赫斯、海·克利盖等人。与一些庸俗社会主义流派类似，"真正的社会主义"并没有真正把工人阶级的必要性放在突出位置，由于在本质上并没有代表工人阶级的利益，因而他们并没有坚定的社会主义理想，也没有坚决的社会主义革命决心。这种学说往往会在关键时刻导致工人阶级运动出现迷茫，给德国工人阶级运动乃至西欧的工人阶级运动造成了深远而严重的影响，直接关系到欧洲工人阶级运动的方向问题。历史也证明，

《吃马铃薯的人》（油画，作者梵高）

1851 年 5 月 1 日，第一届世界博览会在英国伦敦召开

这些错误的社会主义流派往往成为阻碍革命运动的重要障碍，当然，也激发了马克思和恩格斯更加坚定的革命斗争和创作热情，为后世无产阶级革命留下了丰富的革命遗产。

俾斯麦上台以后，对外对内都采取铁血政策，从经济、政治、文化等多个角度，对容克阶层进行全面改造，对国内工人阶级开展严酷镇压。他通过剥夺地方容克的世袭政治特权等方式，大大加强了中央集权，政治统治地位不断巩固。中央到地方的政令变得畅通无阻，进一步清除了政治阻力，建立了现代化的政治统治秩序。

当时俾斯麦不满于单纯掌握政治权利，而是要开展全方位的夺权斗争，其中，针对宗教的斗争也是重要的一部分。但是由于天主教信仰牢牢扎根于德国本土，人们的意识形态观念和宗教信仰不可能短期彻底地移除，因而被迫在一定时期内，与教派势力和解。但是，针对工人阶级的斗争却并没有停歇，反而愈演愈烈。因为俾斯麦看到，随着对容克阶层权力的收归，和与宗教势力达成和解之后，不断发展起来的工人阶级却成为其政权愈来愈大的隐患。工人阶级的发展，已经对其政权稳固造成严重威胁。因此，俾斯麦决定将工人阶级作为政治斗争的重点对象。在这种情势下，作为当时德国工人阶级影响力最大的两个政党的合并事宜，自然就成为马克思和恩格斯重点关注的事件，同时更使俾斯麦如鲠在喉。

工人阶级在德国的快速发展，是从 19 世纪中期开始的。1848 年，德国工人的总数只有不到 60 万，且主要是并没有多大战斗力的工业学徒和作坊工人。到了 60 年代，工人阶级的数量就翻了一番多，达到 150 多万人。此时，随着工业的发展，工人阶级的结构也发生了重要变化，产业工人逐渐成为工人阶级中的主导，这意味着德国工人阶级变得更为集中、更加有觉悟。

1862 年，一些德国工人前往参观了伦敦世界博览会，对英国工业的发展感到巨大震撼，并且从英国的工人阶级运动中也得到了巨大启发。返回德国之后，他们开始力主建立一个统一的工人组织，随后开始筹划全德工人代表大会。1862 年 4 月，作为激进民主派的拉萨尔曾经深入工人阶级，发表《工人纲领》的演说，产生了重要而广泛的影响。也正因如此，筹备全德工人代表大会的莱比锡委员会邀请拉萨尔担任工人运动的领导人。到1863年，拉萨尔发表了《公开答复　工人纲领》的小册子，阐述了其关于工人运动的看法，并领导成立全德工人联合会，他自己担任主席。拉萨尔以马克思主义者自居，但是，他并不具备马克思主义的理论知识，而是一名彻底的机会主义者。他曾凭借过人的演说技能不断贩卖自身的立场，并且赢得了德国部分地区工人的广泛支持。特别是在19世纪60年代，他通过鼓吹"铁的工资规律"，庸俗地把工人阶级所处的困苦状态同自然的发展揉捏在一起，妄图向工人们阐释资本主义剥削制度的合理性，同无产阶级的根本利益背道而驰。同时，他还借助于"公平""自由"概念，歪曲工人阶级革命的目标和手段，劝说工人们相信，借助资本主义制度之下的议会、国家，实现工人阶级的理想生产生活状态——"生产合作社"。在一定意义上，马克思对拉萨尔的贡献是持有部分肯定态度的，比如肯定他唤醒了自1848年大革命失败之后工人阶级长达15年的消沉。但是，拉萨尔自身的错误也不能够为他的功绩所掩盖。其最大的问

斐迪南德·拉萨尔
（1825—1864）

约翰·巴普蒂斯特·冯·施韦泽
（1833—1875）

1864年，第一国际
在伦敦成立

题，是并不能够坚决
贯彻工人阶级的斗争
道路，始终同俾斯麦
政府保持联系，甚至
抱有幻想。这种机会
主义在德国无产阶级
内部造成了极大的混
乱，反对拉萨尔的声音也越来越大。拉萨尔难以忍
受党内的怀疑，于是离开了工人运动。

1864年，拉萨尔意外死亡。约翰·巴普蒂斯
特·冯·施韦泽等人延续他的机会主义路线，竭力
阻止第一国际继续在德国开展运动。施韦泽更是暗
自与普鲁士政府加强联系，将全德工人联合会发展
成为一个宗派化的组织，也越来越背离工人运动的
宗旨。

奥古斯特·倍倍尔
（1840—1913），德
国社会主义者，德
国社会民主党创始
人之一

同年，在高涨的工人运动背景下，马克
思亲自领导组建了第一国际，科学社会主义
终于拥有了一个真正意义上的指挥机构，直
接推动了西欧工人运动向组织化发展。

1863年，拉萨尔对工人阶级的影响不断
受到全德工人联合会内外的抵制，并且促成
了德国工人协会联合会代表大会的召开。这一组织
比全德工人联合会要更加具有广泛性，共有来自48
个城市的工人代表参加。1867年，奥古斯特·倍

倍尔担任德国工人协会联合会主席，并且在其推动下，德国工人协会联合会加入第一国际。其间，倍倍尔与拉萨尔主义仍然进行着不懈的斗争，得到了马克思和恩格斯的肯定。1869 年，倍倍尔和李卜克内西成立德国社会民主工党，即爱森纳赫派，与拉萨尔主义和巴枯宁主义进行激烈的理论斗争。在李卜克内西和倍倍尔等人的推动之下，1891 年，德国社会民主党正式成立。

卡尔·李卜克内西（1871—1919），德国社会民主党和第二国际左派领袖，德国共产党创始人之一

　　1869 年成立之后，爱森纳赫派与拉萨尔派采取了完全不同的政策路线，相较而言，其政治、经济和理论更能够坚持马克思主义的具体路线。在倍倍尔同李卜克内西的领导下，该党通过灵活多样的斗争形势，社会地位和革命地位明显提升，在工人阶级中的威望也达到了新的高度。他们主张坚持马克思主义的工人运动斗争路线，通过革命斗争推翻资本主义政权，而非通过寄希望于普鲁士政府的

早年德国重要工业区——鲁尔区生产景象

"国家帮助"来实现工人阶级的相对解放。这同拉萨尔及其追随者的改良主义和机会主义立场产生了根本对立。

巴黎公社运动

  1870 年，普法战争爆发。法国在战争中被俾斯麦领导下的普鲁士击败，皇帝拿破仑三世下令投降。巴黎民众成立了"国民自卫军"，继续抵抗德国人的进攻，并替代逃往凡尔赛的法兰西第三共和国国防政府控制巴黎。1871 年3 月，巴黎公社正式宣布成立，并颁布了一系列法令，以建立无产阶级专政政权。5 月，政府军反扑，国民自卫军英勇抵抗，最终巴黎公社运动失败。

  巴黎公社运动虽然失败，却在世界无产阶级革命斗争史中留下了光辉的一笔，成为社会主义运动史中宝贵的财富。1891 年，即运动 20 周年，恩格斯在为《法兰西内战》写的导言中，对这场运动进行了详细的回顾，其目的就是针对当时的错误思潮提出批判。他在文末写道："近来，社会民主党的庸人又是一听到无产阶级专政这个词就吓得大喊救命。先生们，你们想知道无产阶级专政是什么样子吗？请看看巴黎公社吧。这就是无产阶级专政。"[1]巴黎公社运动建立了人类历史上第一个无产阶级政权，开创了无产阶级在城市开展革命的先河，也为之后的社会主义运动和无产阶级专政建立提供了重要样本。

  随着容克制度的不断成熟，德国当时的国家分裂状况得到极大扭转，民族国家对国内产业发展起

---

1 《马克思恩格斯全集》第 22 卷，人民出版社 1965 年版，第 229 页。

到了巨大的推动作用。到 19 世纪 70 年代，德国的对外贸易额得到爆发式增长，位列世界第二，仅次于英国。在蒸汽机使用、钢铁生产、煤开采、铁路修建等方面，也位居整个欧陆前列。对于德国工业的发展，连恩格斯也不得不感叹："从 1869 年以来，莱茵－威斯特伐利亚工业区在这方面所发生的一切，对德国说来简直是闻所未闻的，就像是本世纪初英国工业区的繁荣景象。在萨克森和上西里西亚，在柏林、汉诺威和沿海城市，也将会出现同样的景象。我们终于有了世界贸易，有了真正的大工业和真正的现代资产阶级；但同时我们这里也有了真正的危机，而且也形成了真正的、强大的无产阶级。"[1]资本主义工业的发展，令无产阶级的发展愈加快速。

德国工业的发展，也为工人阶级的壮大创造了重要条件。1871 年，巴黎公社运动失败，但欧洲工人阶级的运动火种并没有熄灭，而是转移到了同样具有运动条件的德国。

19 世纪 70 年代之后，俾斯麦政府对工人运动组织进行了更加严酷的迫害。其间，爱森纳赫派成员也在俾斯麦政府统治下进行着艰苦的斗争。1871 年，倍倍尔和李卜克内西被逮捕，"其实这仅仅是因为他们敢于履行他们作为德国议员所承担的责任，

---

[1] 《马克思恩格斯文集》第 2 卷，人民出版社 2009 年版，第 216 页。

即在联邦国会里抗议兼并亚尔萨斯和洛林，投票反对新的军事拨款，表示同情法兰西共和国，抨击想要把德国变成普鲁士兵营的企图。"[1]拉萨尔派也面临同样的境遇。1874 年，超过 80 多位拉萨尔派成员被普鲁士当局逮捕，立案超过 100 个，总共被判了两百多个星期的监禁，另还有罚金。"判罪的根据完全是下面这些弹性条文：诬蔑国家机关，挑拨不同的居民阶层互相敌对，反抗国家权力，亵渎圣上罪或其他侮辱罪，还有侮辱俾斯麦罪"[2]。包括女工联合会在内的全德工人联合会都无法逃脱普鲁士政府的镇压。作为俾斯麦的主要政治爪牙，特森多尔夫始终冲在挤压德国社会主义运动的第一线，成为打压两派的急先锋。"同结社权一样，工人的集会权也变成泡影，他们的集会被当作所谓联合会的秘密组织的继续而加以解散。特森多尔夫时期充分表明，人们可以用同从前反对资产阶级时所用

德国汉诺威今貌

1　《马克思恩格斯全集》第 17 卷，人民出版社 1963 年版，第 299 页。
2　[德] 梅林：《德国社会民主党史》第四卷，生活·读书·新知三联书店 1966 年版，第 79 页。

的完全不同的方式，利用反革命的反动结社法来对付无产阶级。……他们的领导人之间的妒嫉心对较快地同爱森纳赫派合并也起了一定的作用，但不是主要作用。起决定作用的是，特森多尔夫消除了最后的不和种子，残酷的迫害使一切有阶级觉悟的无产者组成统一的密集方阵。"[1]客观形势的愈加严峻，令爱森纳赫派和拉萨尔派开始思考革命斗争的方法，认为只有确保工人阶级的队伍和组织，才能够在当时的时代下保住革命的果实。由此。两派合并的主观意愿不断加强。

在此情况下，德国工人运动力量需要得到重新整合。但是，两个派别结合的过程却由于理论立场和革命路线的迥异而一波三折。比如，爱森纳赫派并不适应拉萨尔派的严密组织体系，他们更加倾向于采用一种相对宽松的组织形式。但拉萨尔派却要坚持既有的严密体制。在这个情况下，爱森纳赫派还是作出

德国哥达市街景

---

1 [德]梅林：《德国社会民主党史》第四卷，生活·读书·新知三联书店1966年版，第81页。

了一系列的妥协。1874年，拉萨尔派在汉诺威召开了党内代表大会，再一次全体讨论同爱森纳赫派的合并问题。这场会议依旧没有达成共识，但是却为之后与爱森纳赫派的统一埋下了伏笔——在这场会议上，拉萨尔派内部出现了严重分裂和内讧，大量基层组织不得不解散，领袖们相继被捕，群众基础不断丧失，境地愈发艰难，处于消亡的风险之中。

与此同时，爱森纳赫派在同年的国会选举中，获得了比拉萨尔派更多的席位，而德国社会民主工党也取得了更多基层人民的拥护和支持，政治社会影响力不断上升。面对这一情况，拉萨尔派领导人不得不改变立场和策略，重新思考与爱森纳赫派的合并问题。同爱森纳赫派合并的声音成为党内的主流，即使原先极为仇视拉萨尔派的分子也开始与之展开交流。1875年3月，恩格斯在给倍倍尔的信中说："我们党经常地向拉萨尔派伸出手来，建议和解或者至少是共同合作，但是每次都遭到哈森克莱维尔们、哈赛尔曼们和特耳克们的无礼拒绝，因而就连每个小孩都必然要由此得出这样一个结论：既然这些先生们现在自己来谋求和解，那他们一定是陷入极端困难的境地了。"[1]由此，两个派系终于迎

1　《马克思恩格斯全集》第34卷，人民出版社1972年版，第119页。哈森克莱维尔、哈赛尔曼和特耳克都是当时德国拉萨尔主义者的代表人物，也是全德工人联合会的主要领导人。

来了合并的关键契机。

1875 年 5 月，爱森纳赫派和拉萨尔派合并组成德国社会主义工人党。这是德国第一个统一的工人政党，党员人数近 4 万。这次合并，令无产阶级政党在德国议会中的议席增加到 12 个。德国的工会得到很大程度上的统一，无产阶级实力提高，与资产阶级政府的斗争也更加顺利。新的党内民主氛围更加浓厚，拉萨尔的家长式管理方式被大大削弱。党内的决策机构形成了中央执行委员会、监察委员会和中央委员会相互监督的状态，确保了政党在斗争过程中能够民主决策。但是，两派合并只是

德国国会大厦（今）

解决了部分问题，并不意味一切问题都得到了解决。首先，虽然拉萨尔的权威式领导传统和理论传统得到很大程度的化解，但是，拉萨尔的一些错误理论仍然保留着。拉萨尔主义仍然弥漫在德国社会主义工人党内部。《哥达纲领》的漏洞百出就是典型证明。同时，该党对理论建设工作并不十分重视，也没有充分理解马克思主义的政治观和政党观实质，无法在斗争实践与理论探索之间寻求正确的连接方法。这也造成该党在具体斗争实践中极易忘却或篡改无

产阶级运动的实际目标，走向对马克思主义的庸俗化理解。其次，德国社会主义工人党在成立伊始，并没有及时更新和反思革命斗争路线，而是采取了党内妥协（主要是爱森纳赫派向拉萨尔派的妥协），这造成整个德国社会主义工人党并没有在斗争方式方法上取得及时改善。爱森纳赫派仍然指望拉萨尔派发挥关键性作用，在政策制定和斗争指挥方面，表现出了妥协性。最后，正是因为爱森纳赫派和拉萨尔派没有处理好合并的正确方法，从而导致两派合并的优点更多是体现在政党规模、议会席位和工会发展等方面，并没有给整个德国社会主义工人党带来战略和理论上的创新。

威廉一世，德意志帝国第一任皇帝，1861—1888 年在位

1878 年，俾斯麦政府和德国无产阶级的矛盾斗争已经到了白热化的阶段。俾斯麦通过针对普鲁士皇帝的两次刺杀，大肆渲染无产阶级政党的危险性，并以解散议会的方式，强行通过了《反对社会民主党企图危害治安的法令》，即"反社会党人非常法"。这一法律的出台，在极大程度上限制了社会民主党的政治活动空间。比如其中提到，一律禁止社会民主主义者、社会主义者或共产主义者开展威胁政府和社会秩序的活动；取缔相关组织，并对参加这些组织和从事相关工作的，给予严厉的处罚；等等。这一法令给德国无产阶级工人运动造成了重大冲击，

数百个协会、超过千家刊物被禁，近两千人被判驱逐、监禁或参加劳役。

（二）《哥达纲领》的面世

　　《哥达纲领》又称作《社会主义工人党纲领》。两派合并的时候，在面对反动派的阻碍和迫害，纲领放弃了一些联合会的组织计划。这一纲领就当时的形势来说，是妥协的产物，也是必然的产物。与当时工人阶级所处的危机情况相比较，似乎只要不涉及原则性的纲领都可以作出让步。因此，后来的一些社会主义者认为，这部纲领在一定程度上是成功的。比如之后德国社会民主党左派领袖梅林就说："纲领草案是拉萨尔派和爱森纳赫派至今的纲领之间的

弗兰茨·梅林（1846—1919），德国记者、政治家、历史学家、马克思主义史学家

奥拉夫·朔尔茨（1958—），现任德国总理、财政部长、德国社会民主党主席

德国社会民主党党徽

格哈特·弗里茨·库尔
特·施罗德(1944—),
德国第33任总理,
德国社会民主党原
主席

妥协,但主要是形式上的妥协而不是实质上的妥协。两派中的任何一派都无须放弃自己的信念,理由很简单,因为两派的信念基本上是一致的。如果在这方面还有一点差别,那就是拉萨尔派比较开展,而且他们还把自己的一切警句全放到新纲领中去了……拉萨尔派经常在这种意义上提出这个要求,爱森纳赫派在这种意义上也可以毫不迟疑地表示同意。"[1]从之后成为党派领袖的梅林角度来看,两派的合并和《哥达纲领》的撰写,毫无疑问是具有非常积极的意义的,在他看来,这部纲领充分反映了把劳动资料变公有化,消灭劳动雇佣和剥削,突出无产阶级阶级斗争是工人阶级解放的唯一手段,以及国际工人运动的任务和义务等。因此,他后来对马克思的《哥达纲领批判》则予以较为消极的评论。

在合并大会召开之前,鉴于当时严峻的运动形式,1874年,德国社会民主工党在科堡召开了第六次代表大会。这次会议总结了社会民主工党在过去几年中取得的成就,更加重要的是,对当时的运动形式和目标进行了科学的分析。"在科堡代表大会上,

---

1 [德]梅林:《德国社会民主党史》第四卷,生活·读书·新知三联书店1963年版,第84页。

李卜克内西和社会民主工党的其他领袖重新表明了
党对普鲁士——德意志军事国家的原则性的反对态
度。威廉·李卜克内西阐述了社会民主工党的政治
态度。他说，党致力于建立民主制度和消灭阶级国
家。这只有在反对现存的国家制度的斗争中才能实
现，因为所谓德意志帝国——实际上只是一个扩大
了的普鲁士——是一个阶级国家，同时也是一个军
事国家。"[1] 会议正确分析普鲁士和德意志帝国的本
质，为德国社会民主工党今后的发展制定了基本原
则，那就是需要通过革命途径才能够达到。在围绕
如何处理与拉萨尔派关系的问题上，当时德国社会
民主党内部存在的主要立场是，要认真审视拉萨尔
内部存在的问题，两派之间存在问题究竟是组织上
的，还是具体路线上的。总的来说，当时爱森纳赫
派内部并不拒斥合并，但是，究竟以何种方式合并，
却始终是该派内部存在的争论话题之一。

与爱森纳赫派相比，当时的拉萨尔派内部面临
的问题就要严峻得多。在组织构成上，该派主席拥
有几乎不受挑战的领导地位，因而很容易表现出独
裁的情况。这种情况在工人联合会内部产生了极大
的负面作用，以至于部分成员为了反对主席的权力，

---

1 [德]埃里希·昆德尔：《一八七五年哥达合并代表大会史》，
北京外国语学院东欧语系、德语专业第一届工农兵学员译，
生活·读书·新知三联书店 1977 年版，第 33—34 页。

威廉国王与俾斯麦

形成了强大的反对派。而在理论本身，拉萨尔派也面临着巨大的困扰。因为拉萨尔派始终坚持所谓的"铁的工资规律"，认为工人单靠他们的政治斗争是无法取得胜利的，因而否定工会的作用，也否定工人阶级运动的作用。尽管在当时，德国工人在社会斗争过程中已经取得了现实成果，这表明工会形式确实能够作为工人阶级展开斗争并维护自身利益的组织形式，并且这种斗争形势在当时之于工人们来说也尤为必要。但是一些极端的拉萨尔派分子仍然主张取消工会，给当时的德国工人阶级运动带来了巨大的分裂隐患。全德工人联合会的实际情况，充分表明他们已经不再能够充当德国工人阶级运动的领导者了。这使得爱森纳赫派得以成为当时社会主义运动的核心，也迫使拉萨尔派不得不居于现实，考虑与其合并事宜。拉萨尔派内部的分裂状态严重影响了其政治地位，以至于当时的俾斯麦政府可以迅速改变之前的纵容立场，毫无顾忌地对之进行打压。在1874年，拉萨尔派哈森克莱维尔、哈赛尔曼、德罗西等领袖相继被当局搜查和搜捕，一些组织也被取缔，导致拉萨尔派比爱森纳赫派具有更加迫切的合并需求。

尽管当时已迁居英国，但是马克思和恩格斯始终都在关注德国境内爱森纳赫派和拉萨尔派的发展情况。1875年2月，爱森纳赫派和拉萨尔派开始计划召开合并大会。在会议召开之前，爱森纳赫派部分领导人虽然也与马克思和恩格斯保持书信联系，向二人征求关于合并的相关意见，但是总的来说，爱森纳赫派并没有给二人过多参与合并讨论的机会。比如恩格斯在1875年3月寄给倍倍尔的信中就指出："无论是李卜克内西或其他任何人都没有给我们一点消息，因此，我们所知道的也只是报纸上所登载的那些，而直到大约八天前收到纲领草案时为止，报纸上并没有登载什么。这个草案的确使我们吃惊不小。"[1] 可见，两派的合并并没有完全征求马克思和恩格斯的具体意见，包括李卜克内西对马克思和恩格斯的具体意见也采取了忽视的态度。

德国哥达市市政厅（今）

5月，两派在哥达市召开会议。在参加会议的两派代表

1　《马克思恩格斯全集》第34卷，人民出版社1972年版，第119页。

中，拉萨尔派共 73 名，爱森纳赫派比拉萨尔派少了
17 名。该大会的主要目标，就是通过新的党纲、党章，
以及推选形成新的领导组织。在会议中，爱森纳赫
派的主要领导人之一李卜克内西在拉萨尔派陷入困
境的时刻，并未抓住有益机会争取正确路线的回归，
而是刻意忽略马克思和恩格斯的基本立场，在面对
拉萨尔派时，不顾底线，一味妥协，在大会中武断
同拉萨尔派通过了《哥达纲领》。李卜克内西回复
恩格斯的质疑时，他说道："你所指出的纲领的一
些缺点，毫无疑问是存在的，而且我们从一开始就
是清楚的——但是，只要不想使关于合并的协商破
裂，这些缺点在代表会议上就是不能避免的"，"我
们的（以及对方的）任何人都毫不怀疑：合并是拉
萨尔主义的死亡，因此我们更应当对他们让步"，"无
论如何事情就是这样：要么就是这个纲领，要么就
没有合并"。[1] 由于李卜克内西自身认识的原因，整
个爱森纳赫派在面对拉萨尔派时失去了理论的基本
遵循，以至于在革命立场上不断松动，这部纲领中
充斥着拉萨尔主义的机会主义论断，出现了大量违
背马克思主义革命原理的相关论述，使纲领成为两
派媾和的产物，将德国无产阶级的革命置于十分危
险的境地。

1　《马列著作编译资料》第 8 辑，人民出版社 1980 年版，第 40 页。

　　尽管如此，但两派合并，新的德国社会主义工人党的成立，还是在一定程度上给德国社会主义革命打开了新的局面，也在某种意义上提升了无产阶级在普鲁士的政治地位，确保了无产阶级整体实力不受普鲁士政府的打压而受到较大的损失。对于马克思和恩格斯来说，《哥达纲领》的问世毫无疑问是鲁莽和草率的。《哥达纲领》是爱森纳赫派为了合并而作出了无底线的让步，这种让步虽然促成了两派的合并，并且正如前文所说的，保存了德国的无产阶级力量，但是，单纯为了合并而导致理论的歪曲和斗争路线的模糊，也给之后德国无产阶级斗争埋下了隐患。所以恩格斯在给威廉·白拉克的信中就说："李卜克内西热衷于实行合并，为了合并不惜任何代价，结果把事情全搞糟了。本来可以认为这是必要的，但是不必向对方说出来或表示出来"，"这种合并本身包含着分裂的萌芽。如果以后分离出去的只是不可救药的狂热分子，而不包括其他的所有追随者，我将感到高兴，因为这些追随者本来很干练，经过良好的教育是可以成为有用的人的，这要取决于这件不可避免的事情发生的时间和条件"。[1] 两派合并给德国无产阶级运动危机带来了暂

1　[德]马克思：《哥达纲领批判》，人民出版社 2018 年版，第 43 页。

时的缓和，但是形式上的统一并没带来组织和意识上的完全一致。形式统一掩盖下的矛盾的危机依旧存在。

在这封信中，恩格斯也提到了庸俗民主主义。针对以当时德国人民党为代表的庸俗民主主义者，他同样展开了批判。作为德国社会民主工党（爱森纳赫派）的前身，德国人民党是19世纪在德国政坛活跃的以小资产阶级为代表的民主党派，当时主要分布于德国西南部和南部。该党成立于容克阶层及普鲁士王国势力不断上升的阶段。该党的成立，一方面标志着德国小资产阶级实力不断增加，另一方面也表明他们在受到容克阶层不断挤压的同时，产生了自由主义和民主主义倾向。在政治行动上，该党反对普鲁士王国及俾斯麦政府"自上而下"建立高度专制的行为，主张建立一个能够充分实现民主的、同时包含普鲁士王国和奥地利的联邦制国家。德国无产阶级的领导人倍倍尔和李卜克内西则于1866年领导建立了德国人民党的分支——萨克森人民党，不断参与社会主义政治和社会运动，并发展成为德国社会民主工党（爱森纳赫派）。

召开哥达合并会议，是爱森纳赫派与拉萨尔派的被迫之举，也是当时德国社会主义运动的权宜之策。这令两派在当时各自都面临着路线与现实的矛盾。一方面，爱森纳赫派主张坚持对德国反动阶层

的斗争，而拉萨尔派
面对爱森纳赫派在全
德工人中日益提升的
地位，也不得不修正
原先的拉萨尔派思
想，这为两派的合
并提供了现实的可能
性；另一方面，普鲁

哥达会议场景

士政府对无产阶级的压迫愈加严重，社会主义运动
面临的形势也越来越危机，这也为两派的合并增添
了现实需求。

　　但是，在合并开展过程中，逐渐背离了爱森纳
赫派的初衷。起初，他们对合并的观点，尚是要坚
持原则的"要统一，不要合并"，即要继续坚持无
产阶级的社会斗争总路线，与拉萨尔派中的机会主
义和家长式左派进行坚决斗争，保证整个德国社会
主义运动的总方针和总目标不会发生偏移。但是，
在实际合并过程中，尽管面对的是貌合神离的拉萨
尔派，但是爱森纳赫派依旧放弃了原先的口号和原
则。其中的原因，既有拉萨尔派领导人的狡猾与高
超的政治手腕，也同爱森纳赫派自身的立场不坚定
有密切的关系。譬如，作为领袖之一的李卜克内西，
在合并之前还多次强调，爱森纳赫派不能够同意拉
萨尔及拉萨尔派的纲领，也不能为了合并而操之过

急，但是，在实际谈判过程中，李卜克内西等人却
不断被拉萨尔派领导人的一次次表态和退让迷惑，
认为拉萨尔派要么已经转向科学社会主义，要么已
经难以对他们之后的运动产生实质性的影响，以至
于产生了要尽快结束德国工人运动的分裂状态、尽
快克服革命斗争的长期性的急躁情绪。

（三）《哥达纲领》的理论目的及内容

马克思和恩格斯在早期就开始与德国各类错误
社会主义流派之间做斗争。这种斗争，是随着这些
错误社会主义流派在社会主义运动中产生的危害不
断增加而变得愈加激烈的，在哥达会议召开以及《哥
达纲领》问世之后达到了一个顶峰。在合并大会之前，
爱森纳赫派就认清革命的必然性，即容克阶层和俾

容克贵族

斯麦政府与工人阶级的矛盾是不可调和的。这种直接的阶层斗争一直持续到哥达合并会议之前。

　　《哥达纲领》的问世，给当时的德国无产阶级运动造成了突然的、深远的负面影响。在合并之前，爱森纳赫派始终得到马克思与恩格斯的支持。尽管一直受到拉萨尔派的影响，但是，爱森纳赫派却仍然能够坚持革命斗争立场，包括反对俾斯麦、对巴黎公社运动的坚定支持和颂扬等。恩格斯也说过："德国社会主义的工人一刻也没有被人引入迷途。他们没有被卷入民族沙文主义的狂澜。……不论是战争的荣耀，还是关于德意志'帝国壮丽辉煌'的废话，在他们中间都得不到响应；他们唯一的目标始终是整个欧洲无产阶级的解放。我们有充分的理由可以说，到现在为止还没有另一个国家的工人如此出色地经受过这样严峻的考验。"[1] 当时的倍倍尔、李卜克内西等人，在领导德国社会民主工党的过程中发挥了重要作用，整个政党的政治影响力也显著增强。

　　德国无产阶级力量的增强，对无产阶级政党的领导纲领提出了更高的要求。但是另一方面，随着工人阶级对革命斗争理论的需求越迫切，错误理论带来的危害也会随之而大大增加。《哥达纲领》主

---

[1]　《马克思恩格斯文集》第2卷，人民出版社2009年版，第216页。

弗雷德里克·巴师
夏（1801—1850），
法国经济学家、政
治家和作家

要反映的是拉萨尔派的基本理念，这种理念
与其说是拉萨尔派自身根据德国社会主义运
动而形成的，倒不如说，是他们一方面续用
社会主义部分理念，另一方面又向俾斯麦妥
协的结果。这是德国哲学和社会科学不得不
面临的现实情况。梅林就说："在哲学家中
米希勒通过他的批评表明，官方黑格尔主义已经幸
运地达到最庸俗的自由贸易主义的沼泽地。他否认
资本利润的存在并认为资本必然作为节约下来的劳
动参加'共同的报酬'。巴师夏对经济范畴比拉萨
尔有较好的认识，可是当拉萨尔的著作落到俾斯麦
恩准的所谓国家社会主义之手的时候，一种调和的
微光甚至落到这种平庸的智慧上。"[1]《哥达纲领》
就是在这种社会主义革命性与德国的资本主义制度
化张力之间形成的。因此，《哥达纲领》通篇反映
了拉萨尔派式的模糊化语句，避免采用触及俾斯麦
政府和资产阶级底线的过激语句。

　　从整个篇幅来看，《哥达纲领》全文并不长，
主要是由两个主要部分构成。第一部分规定了劳动
之于资本主义阶级革命的内在属性。提出，"有益
的劳动"的社会性质，即只有通过社会才能够实现，

1　[德]梅林：《德国社会民主党史》第2卷，生活·读书·新
　　知三联书店1964年版，第288页。

而这种"有益的劳动"的全部产品应当属于整个社会。全社会成员在共同履行劳动义务的前提下，依照所谓的"平等的权力"，令成员们平等、按需享有。《哥达纲领》指出了劳动资料的所有权归资本家阶级所有，是工人阶级被迫依附资本家的原因，也是遭受贫困和奴役的原因。要实现劳动的解放，就需要把劳动资料变为社会的公共财产，之后按照社会的公益化原则，对"总劳动"进行集体性调节，实现劳动成果的公平分配。在阶级划分上，《哥达纲领》指出，只有工人阶级才是劳动解放的主体，其他阶级都成为"反动的一帮"。

《哥达纲领》第二部分规定了德国社会主义工人党的斗争纲领。在斗争方法上，《哥达纲领》提出，要"用一切合法手段来争取自由国家和社会主义社会"，革命的主体，应是国际化的工人群体，即"一切人的兄弟"。要依靠国家的力量建立起社会主义的生产合作社，进而从中产生出"调节总劳动的社会主义组织"。在这里，爱森纳赫派和拉萨尔派寻找到了一个共同点，即在共同纲领中保留"铁的工资规律"的同时，保留工人阶级革命这一合作的最基础共识。在政治制度上，指出要废除剥削、消除一切社会和政治的不平等。随后，纲领中使用了口号式的政治标语，针对当时的政治状况，提出了总体的政治构想，即充分考虑劳动人民的"民主监督"，依靠所谓的"国家帮助"，建立起社会主义的生产合作社。但是，此处也明显与马克思和恩格斯的斗争观有巨大差别。因为此处的"国家"，至少在《哥达纲领》中未有充分说明它究竟是普鲁士的资产阶级国家，还是在革命之后建立起来的无产阶级政权执政的国家。最起码就爱森纳赫派对拉萨尔派的妥协以及拉萨尔派的传统观点来说，这里指的可以是当时的普鲁士政府。由此，在这一段中提到的生产合作社，自然也就成为了在资本主义国家制度内部存在的无产阶级集体组织。这种与虎谋皮的"要求"，成为马克思和恩格斯集中声讨的方面。

法国在色当战役战败，拿破仑三世被俘，威廉一世加冕典礼在法国的凡尔赛宫举行

之后，《哥达纲领》对国家的具体运行形式和德国社会主义工人党执政方针提出了构想。

在国家的具体运行形式上，《哥达纲领》规定了人民享有的权力和权力的实现方式，包括：要确保国民在投票方面的充分参与度，这种参与度主要是由投票者年龄、投票具体方式、投票时间来决定的。人民应当同时掌握立法和战争决定权，将军队国民化，充分保障人民的舆论权力，废除限制民众舆论自由的一些法律，确保人民具有裁判权，享有免费诉讼。实现国民普遍享有接受教育的权力，尊重国民的宗教自由。《哥达纲领》将这些称为"国家的基础"。

在执政方针方面，《哥达纲领》提出，要"尽可能"扩大社会成员的政治权利范围，优化缴税机制、减轻国民负担的间接税，充分保障民众的结社权利和休息权利，保障工人及妇女儿童的权利，邀请工人代表进行监督，保障工人的生命和健康，建立有效的责任机制，规定监狱劳动，以及社会互助与救济基金的管理权问题等。这些部分，即"国家的基础"的具体实行措施，体现了德国社会民主党的政治构想。

该纲领反映了当时社会主义工人党的政治诉求，也在一定程度上反映了工人阶级的执政理念。应当说，这一份纲领，在当时是德国社会主义运动过程中出现的一个比较明确的文件，在当时起到了临时纲领的作用，是革命斗争形势下一部比较明确的纲领。就当时制定纲领的具体社会和时代背景来说，这部纲领是革命派内部妥协的结果，维持了一定的革命性。但是在马克思看来，这种社会民主主义竭力维持的革命性显然无法全面达到无产阶级革命运动的客观要求。从该纲领的理论内涵来看，《哥达纲领》是当时德国社会主义理论与社会现实碰撞的产物，它在一定程度上反映了德国社会主义理论的延续结果，也反映了当时德国社会一些错误社会主义思潮在整个无产阶级革命中拥有广泛的影响。

《哥达纲领》是西欧工人阶级在巴黎公社运动失败之后展开的一次重要的斗争尝试，合并会议是在德国社会民主工党与全德工人联合会遭遇内忧外患的严峻背景下召开的。在面对俾斯麦政府的严厉统治，以及爱森纳赫派和拉萨尔派自身面临艰难发展的时候，两党选择了合并这一权宜之计。《哥达纲领》与其说是一部斗争纲领，倒不如说是一部政治申请或请愿。由于客观的政治形势，以至于两派的合并不能够对俾斯麦政府带来直接的政治影响。因此，《哥达纲领》是当时德国工人阶级政党不断妥协的产物和生动写照。出于一系列原因，包括李卜克内西等党派领袖并没有及时与马克思和恩格斯进行及时联系，导致这部纲领不能够为德国工人阶级提供科学和长远的指导。

二、马克思为何要创作《哥达纲领批判》？

　　19世纪中期开始，德国无产阶级运动进入了崭新而复杂的阶段。社会主义和资本主义各项思潮发展层出不穷。在理论方面，社会主义的未来方向在复杂的斗争形势下，并没有得到最终确定。同时，由于其他流派的干扰，特别是《哥达纲领》的抛出，极易导致德国在内的西欧社会主义运动走上歧途。《哥达纲领》给当时的社会主义运动带来了严重的影响，这直接促使马克思开展最为直接和针对性的批判。直至恩格斯认为随着运动的不断发展，在15年之后也终于到了必须出版这一批判的时候了。

马克思、恩格斯雕像

（一）是科学总结德国无产阶级运动状况的必要工作

德国阶级革命之于马克思和恩格斯来说具有独特的意义。恩格斯在为《哥达纲领批判》所作的1891年版序言中提到了一句意味深长的话。他说："马克思和我同德国运动的关系，比同其他任何一国运动的关系都更为密切；因此这个纲领草案中所表现的明显的退步，不能不使我们感到特别愤慨。"[1]不论是在撰写《哥达纲领批判》，还是恩格斯在为之作序之时，二人都已不在德国定居，他们接触更多的是英国或者整个西欧共产主义运动的现实，但是为什么恩格斯在这里又强调德国，而不是法国或者英国工人运动的重要性呢？可以认为，德国工人阶级运动，与英国、法国和其他国家的运动相比，更加具有能够反映时代和理论的特质。在马克思和恩格斯所处的年代，虽然其他国家和地区的工人运动热潮亦此起彼伏，但是德国的工人阶级运动和无产阶级政党的发展在当时却具有特殊的意义，正如恩格斯所说："制定一个原则性纲领（应该把这件事推迟到由较长时间的共同工作准备好了的时候），这就是在全世界面前树立起可供人们用来衡量党的

1　《马克思恩格斯文集》第3卷，人民出版社2009年版，第423—424页。

德国 1848 年革命

　　1848年，法国二月革命取得胜利，法兰西第二共和国成立。同年，维也纳工人组织武装起义迫使奥地利皇帝制定新宪法、修订选举法，这些极大鼓舞了德国工人阶级的革命热情。3月，柏林革命群众发动武装起义，迫使腓特烈·威廉四世宣布要召开国民议会、制定宪法和改组政府等一系列政治改革。但是，这种改革并不彻底，而是统治阶级表面妥协的产物，实则在背地中筹划政治和军事反扑。威廉四世提出推行君主立宪制度，但国王仍然掌握大权。为镇压柏林抗议示威，又派遣军警镇压。8月，容克集团纷纷聚集柏林召开"各阶级私有财产保卫者大会"，并筹划军队发动反革命政变。德国革命宣告失败。

运动水平的里程碑。"[1]虽然《共产党宣言》及共产主义者同盟都是在英国诞生的，而法国革命也对欧洲的革命起着重要的引领作用，但是，德国的工人

――――――――――

[1]　《马克思恩格斯文集》第3卷，人民出版社2009年版，第426页。

阶级运动却更加具有现实的斗争性。对于马克思和恩格斯来说，同在英国相比，他们更加直接地参与到德国的工人革命运动当中。因此，德国的革命与马克思革命观的形成有着天然的紧密联系。

1851—1852 年，恩格斯专门针对德国的革命进行大量研究，并且形成了一系列重要的观点立场。应当注意的是，恩格斯在这段时间创作的革命作品，起初是以马克思的名义发表出去的。这从另一个方面也充分表明：其一，马克思对恩格斯的立场和论证方法完全赞同；其二，两人的革命友谊和信任也异常牢固。两人都基于共同的立场、观点、方法和主观动机，致力于分析德国革命，也是对某些西方学者抛出的马恩对立论的一个有力否定。

（二）是为德国无产阶级政党提供正确发展方向的必要工作

在两派合并以前，德国无产阶级政党形式就较为松散，甚至在某些方面是对立状态。在合并之后，从《哥达纲领》中也可以看出，这种问题并没有得到根本性的解决。为工人政党和工人运动提供正确的方向指导，成为德国革命最紧迫然而也是最困难的任务。于是，马克思才会针对《哥达纲领》进行逐字逐句的批判。由于纲领非常简短，因此，在批判中对每一个字词的运用就显得格外重要。比如，在围绕第一句话，即"劳动是一切财富和一切文化的源泉"时，马克思就开始进行批判。因为这句话直接关系到对社会财富和劳动者劳动本质的判断，也就直接关系到之后德国工人党针对资产阶级、容克阶级和俾斯麦政府的策略原则。在第一节里，《哥达纲领》从劳动的本质出发，规定了劳动资料的归属、"劳动的解放"的最终目标，以及工人阶级与其他阶级的关系问题。这些问题，关系到德国社会主义工人党领导下的无产阶级斗争的对象、目标和同盟军等重大问题。因此，在《哥达纲领》第二节的第一句话指出，德国社会主义工人党的运动就是从第一节中的各个原则出发而开展活动的。从第二节开始，《哥达纲领》阐述了德国社会主义工人党的具体革命手段和革命目标，以及革命联盟。并且，构建了理想化国家，以及在资本主义制度之

19世纪德国的工业革命

下的系列诉求，这些诉求包含了对政治权利和自由，缴税，结社权力，工人、妇女、儿童权益保障，以及监狱劳动等问题。

从整体来看，《哥达纲领》就很难称得上是一个彻底符合工人阶级运动目标和诉求的纲领，这也恰恰就体现在它对工人劳动及价值问题、工人运动

的目标问题、工人运动的对象问题这些根本原则的论述上。这部纲领表现出了明显的妥协性和狭隘性，以及对劳动价值的歪曲化理解。

首先，就劳动价值理论而言，《哥达纲领》就违背了马克思的论证，导致对无产阶级斗争缘由的认知不清。马克思的劳动价值理论在哥达合并之前就已经有十分重要的观点及成果问世。比如，在《共产党宣言》中，马克思主义就从资本主义的私有制问题展开，讨论了雇佣劳动的本质。他指出，资本身也在推动着工人阶级的发展，并且控制着工人的生产生活。因为只有资本的增值，才能让工人找到工作，这就使得资本既成为剥削工人的诱因，又成为工人生存的来源。工人在资本主义制度之下，必须被资本牢牢控制。此时，工人只能出卖自己的劳动力，而这种被迫的出卖，却成为资本主义"自由"价值观的体现。并且，随着机器的出现，工人受到的剥削更加严重，工人的劳动力成为一种商品。这也是工人仅有的可以出售的东西。《共产党宣言》指出，"因此，花在工人身上的费用，几乎只限于维持工人生活和延续工人后代所必需的生活资料。但是，商品的价格，从而劳动的价格，是同它的生产费用相等的。"[1]工人创造的价值和得到的工资存

1　[德]马克思、恩格斯:《共产党宣言》，人民出版社2014年版，第34页。

在着本质性的巨大差别，是在资本主义制度之下的
工资具有迷惑性的重要体现。当然，马克思和恩格
斯并没有在《共产党宣言》中完全阐释劳动价值观，
但是，他们已经触及了在资本主义制度之下的剥削
实质。他们指出："难道雇佣劳动、无产者的劳动，
会给无产者创造出财产来吗？没有的事。这种劳动
所创造的是资本，即剥削雇佣劳动的财产，只有在
不断产生出新的雇佣
劳动来重新加以剥削
的条件下才能增殖的
财产。现今的这种财
产是在资本和雇佣
劳动的对立中运动
的。"[1]马克思和恩

西方资本家对无产
阶级的剥削（漫画）

格斯在《共产党宣言》中，揭露了资本主义制度之
下的伪民主、伪个性、真剥削，为从剩余价值角度
批判资本主义剥削本质奠定了重要的基础。

当然，《资本论》出版，才真正标志了马克思
政治经济学批判的完全成熟。1867年，马克思在德
国汉堡出版了《资本论》第一卷，对资本进行了有
史以来最为深刻、最为科学的论述，成为无产阶级

---

1 [德]马克思、恩格斯：《共产党宣言》，人民出版社2014年版，
第43页。

与资产阶级斗争的强大理论武器。事实上，马克思在《资本论》第一卷第一篇第一章第一节中，就直接论述了商品的两个因素，即使用价值和价值。将生产商品的具体劳动和抽象劳动的二重性，与商品的使用价值和价值的二因素相对应，揭示了资本主义社会的私有劳动与社会劳动的矛盾。马克思在《资本论》第一卷第二版的跋中提道："在资本主义生产方式的对抗性质在法国和英国通过历史斗争而明显地暴露出来以后，资本主义生产方式才在德国成熟起来，同时，德国无产阶级比德国资产阶级在理论上已经有了更明确的阶级意识。因此，当资产阶级政治经济学作为一门科学看来在德国有可能产生的时候，它又成为不可能了。"[1]马克思在《资本论》第一卷中，反复强调了《资本论》在德国遇到了各种攻击和冷落。可以感受到，《资本论》的强大力量，反而令其招致强大的阻力。因此，马克思说："所以，德国社会特殊的历史发展，排除了'资产阶级'经济学在德国取得任何独创的成就的

俾斯麦在帝国议会发表演讲

1　《马克思恩格斯文集》第5卷，人民出版社2009年版，第18页。

可能性，但是没有排除对它进行批判的可能
性。就这种批判代表一个阶级而论，它能代
表的只是这样一个阶级，这个阶级的历史使
命是推翻资本主义生产方式和最后消灭阶级。
这个阶级就是无产阶级。"[1]《资本论》在德
国的面遇，也令马克思开始认真思考并重视
德国的无产阶级运动状况。既然像爱森纳赫
派那样过于重视实践而忽略理论，那么，《资
本论》在德国所起的作用似乎就不如预想中
那么大。这也是马克思力图通过批判《哥达纲领》，
以弥补德国工人阶级运动的理论弱点。

第一版《资本论》
德语版第一卷

　　事实也证明，如果没有理论的支撑，单纯注重
政治实践，是无法真正寻找到正确的政治道路的。
在面对理论分歧时，人们必然会发生认识上的混乱。
当时，德国无产阶级政党在俾斯麦政府的外来镇压，
以及党内由拉萨尔主义和庸俗社会主义带来的思想
混乱的影响下，出现了严重的路线方向错误。斗争
经验尚不丰富的各个派别在面对这一局面时显得手
足无措，导致内部体制出现了松散的局面。例如，
当新帝国议会通过《反对社会民主党企图危害治安
的法令》之后，社会主义工人党居然自行解散了其
执行委员会和议会党团。可见，社会主义民主党表

1　《马克思恩格斯文集》第5卷，人民出版社2009年版，第18页。

19 世纪的普鲁士王国帝国议会。1933年 2 月，国会纵火案发生于此

面上的问题是斗争路线不明确，实际上，根本问题在于并没有真正把握马克思的无产阶级科学路线。

身为革命导师的恩格斯自然看到了这一点。他说："我们现在只限于在可能的范围内加以论述，如果我们能根据确凿的事实找出合理的原因来说明那个运动的主要事件和根本性的转折，使我们能够认清也许在不远的将来就会出现的下一次爆发将指示给德国人民的方向，那么我们也就满足了。"[1] 当时的问题在于，合并后的德国社会主义工人党并没有按照科学社会主义的斗争目标走下去，反而让人们看到了一个偏向机会主义路线甚至是投降主义错误的趋势。无产阶级政党何去何从，当时的领导者们并没有能够给出一个正确的答复，反倒是现实中对俾斯麦政府的种种妥协和退让，以及在理论中的无所作为，让恩格斯和当时的马克思都感到担忧。所以马克思才在给白拉克的信中写道："人们显然是想回避一切批评，不让自己的党有一个深思的机会"，"撤

1　《马克思恩格斯文集》第 2 卷，人民出版社 2009 年版，第 353 页。

开把拉萨尔的信条奉为神圣这一点不谈，这个纲领
也是完全要不得的。"[1]德国社会主义工人党的《哥
达纲领》得以出版，标志了德国社会主义运动在组
织上和思想上都进入了一个新的阶段，也给马克思、
恩格斯的理论创建工作和革命领导工作带来了新的
挑战。

　　国际工人协会成立，工人阶级的斗争正式扩充
到整个欧洲乃至全世界，社会主义运动的国际化色
彩也越来越浓厚。经过 20 多年的积累之后，终于在
欧洲又爆发了另一场无产阶级的重要革命事件——
巴黎公社运动。这一场运动给德国工人阶级带来的
影响是十分积极的。英国学者霍布斯鲍姆说："马
克思晚年不乏退缩与失望的情绪。比较而言，他此
时的作品很少，而且在政治上也不像以前那样活
跃……马克思的主要著作中，除了一些书信
之外，只有《哥达纲领批判》是在巴黎公社
失败后完成的。"[2]事实并非如此，马克思在
巴黎公社运动期间和结束之后，先后撰写了
《法兰西内战》《哥达纲领批判》两部重要
的著作，并且在一些通信中，也更加明确和

艾瑞克·霍布斯鲍姆
（1917—2012），英
国著名左翼思想家

1　[德]马克思：《哥达纲领批判》，人民出版社 2018 年版，第 6—
　　7 页。
2　[英]霍布斯鲍姆：《资本的年代：1848—1875》，中信出版
　　社 2017 年版，第 133—134 页。

坚定地表达了自身的革命立场。这些为无产阶级政党树立明确的国家观、斗争观提供了直接明确的原则，也成为指导包括布尔什维克在内的无产阶级政党斗争的指南。

（三）是为德国无产阶级提供正确斗争方向的必要工作

霍布斯鲍姆在他的"年代四部曲"中曾说："我们可以说19世纪60年代革命有两项成就是永恒的。其一是，从此以后，世界上出现了有组织的、独立的、政治性的、社会主义的群众性工人运动。其二是，前马克思主义的社会主义左派影响力，已经被大大削弱了。结果是使日后的政治结构发生了永久性的变革。"[1]霍布斯鲍姆将1848—1875年定义为欧洲各国的"资本的年代"，显然表明，这一时代是资本的大发展时代，资本推动欧洲各国经历了剧烈的社会变迁。更加值得思考的是，霍布斯鲍姆将这一"资本的年代"的起点，定在了1848年这样一个重要的年份。1848年，是19世纪上半叶欧洲工人阶级运动的顶峰，是工人阶级运动的革命性事件。当然，

1　[英]霍布斯鲍姆：《资本的年代：1848—1875》，中信出版社2017年版，第134页。

随着1848年大革命的失败，工人运动的暴力革命运动自然走进了一个较长时间的低谷。在这一低谷期间，工人阶级政党开始重新谋求在政治上的影响力，当然，大多数政党也选择了一条更为"稳妥"的"斗争"形式，那就是在各国的议会中争得话语权。因此，霍布斯鲍姆才会说，这一"资本的时代"是社会主义阵营影响力大大降低的时代。

但是，事实并不是像霍布斯鲍姆形容的那样悲观。在大革命失败之后，工人阶级开始另寻革命的道路，工会组织的陆续建立，以及对马克思主义和社会主义的不断吸收，让工人阶级在长时间的自我摸索中，不断形成更加成熟的斗争路线，对工人阶级的目标也有更加清晰的认识。当然，大革命的失败对无产阶级来说也并非全是损失，他们通过斗争为自己争取到更高的生活水平。当时，德国和全欧洲社会在大革命之后，生活水平得到了一定程度的提高，而随着德国国内工业行业的进一步发展，工人阶级在数量上持续增加，政治影响力也有了相应的增长。自由主义在大革命之后显示出了强大的经济促进能力，

欧洲工会运动

社会经济和政治都迎来了重要的增长时期。此时对于无产阶级来说，相对宽松的政治环境帮助他们形成了一种革命的重要组织形式——工会。

1869年，北德意志联盟制定了关于批准结社自由的条例，促成了工会的发展，当然，这也从侧面反映了工人阶级自身实力的增强，以及对参与政治和社会事务的诉求。但是，还有另外一个事实是，德国国内社会经济的发展，也造成社会阶层固化。

19世纪的德国女工

从19世纪中叶开始，德国社会就形成了由"市民阶层"和贫困底层构成的阶层分布状况。工会，就是这些贫困底层的政治觉悟不断提升、数量不断增加而普遍形成的组织体系。"这一群体随着五六十年代工业化的推进而表现出根本性的变化。大量人口不再与等级社会相连，而是受自身劳动力自由商品化的支配，工人阶级由此开始发展壮大，他们在共同利益和经历基础上形成了共同体的意识及集体行动的能力。"[1]

1　[德]海因：《十九世纪德国史》，王琼颖译，上海三联书店2020年版，第88—89页。

但是，在当时自由主义的整体政治氛围下，尽管他们在阶层属性上具有统一性，但在立场上却存在着巨大的差别，对于社会主义阵营来说也是如此。

在社会主义革命运动早期，工人阶级内部充满着各种社会主义思想，其中就包括了机会主义、无政府主义和庸俗社会主义思想，等等。当然，马克思主义和国际主义也随着马克思和恩格斯的思想不断成熟、政治影响力不断增大而占据愈加重要的地位。在《共产党宣言》中，马克思和恩格斯就曾经针对当时的各类社会主义流派进行了针对性的评判。其中，马克思和恩格斯依据阶级性，将社会主义流派分为反动的

法国七月革命建立了波旁王朝

社会主义和保守的或资产阶级的社会主义。

首先是封建的社会主义。他们主要是由法国和英国的封建贵族构成，包括长期拥护波旁王朝的"法国正统派"和维护土地贵族利益的"青年英国"。身为封建统治阶级，在面对自身社会地位没落的时候，希望借用社会主义，为其自身在过去的剥削行为辩解，并且许诺给工人阶级一种带有"恫吓"性的未来。这种立场的反动性在于，一方面，他们拒

本·迪斯累里（1804—
1881），英国保守党
领袖、首相（1868、
1874—1880），"青年
英国"集团代表人物
之一

绝承认社会上已存在的无产阶级是"现代的
无产阶级"；另一方面，他们指责资产阶级
正在允许一个"将把整个旧社会制度炸毁的
阶级发展起来"。因此，他们一边试图引起
人们对没落的封建阶层的同情，一边又试图
用凶险的预言诅咒社会的新统治者。归根到
底，恩格斯认为他们"完全不能理解现代历
史的进程而总是令人感到可笑"[1]。

　　其次是小资产阶级的社会主义。在描述这类阶
级时，恩格斯准确指出了其最为突出的摇摆性的特
征。这一特征，是由小资产阶级在社会中所处的地
位和群体数量决定的。对于这一部分群体来说，他
们并不能够团结成为足够强大的阶级力量，因而，
只能够在无产阶级和资产阶级的夹缝中生存下来，

欧洲的小手工业者

恩格斯说："这种社会主义
按其实际内容来说，或者是
企图恢复旧的生产资料和交
换手段，从而恢复旧的所有
制关系和旧的社会，或者是
企图重新把现代的生产资料
和交换手段硬塞到已被它们

1　[德]马克思、恩格斯：《共产党宣言》，人民出版社2014年版，
　　第52—53页。

突破而且必然被突破的旧的所有制关系的框子里去。它在这两种场合都是反动的，同时又是空想的。"[1] 当然，小资产阶级的社会主义，在当时农民人数更多的法国更加有市场。

最后是德国的或"真正的"社会主义。这一类社会主义也是恩格斯重点谈到的。在马克思和恩格斯看来，"真正的社会主义"，是德国的一些著作家一面继承本国的康德、黑格尔古典哲学，一面又将法国的社会主义思想和运动理念搬到德国，将二者进行合并而成的。这似乎是将法国和德国的实践和理论进行有机的结合。但是，这种结合，是以德国哲学家们对法国的革命实践进行歪曲而得到的。在马克思看来，法国的社会意识思想在当时是要比德国更加超前的。他说："德国的社会主义恰好忘记了，法国的批判（德国的社会主义是这种批判的可怜的回声）是以现代的资产阶级社会以及相应的物质生活条件和相当的政治制度为前提的，而这一切前提当时在德国是尚待争取的。"[2] 可以看出，马克思在分析"真正的社会主义"时，是完全基于社会意识形态发展与物质生产力

伊曼努尔·康德（1724—1804），德国著名哲学家

格奥尔格·威廉·弗里德里希·黑格尔（1770—1831），德国著名哲学家

1 [德]马克思、恩格斯：《共产党宣言》，人民出版社2014年版，第55页。
2 《马克思恩格斯文集》第2卷，人民出版社2009年版，第59页。

发展水平的辩证关系进行的。那些德国理论者所鼓吹的"真正的社会主义",只是建立在虚假社会意识形态基础之上的庸俗嫁接的产物,是用当时德国的传统实践哲学和实践理性去修饰实践本身,而不是从实践本身形成新的认知。

马克思指出,"真正的社会主义"的本质,是一种迎合小资产阶级的自由化理论编造,这也是符合当时资产阶级自由观的。因此,"真正的社会主义"也成为粉饰资本主义意识形态的反动理论。在揭示了"真正的社会主义"的虚伪本质之后,马克思也就自然为工人阶级明确了什么才是社会主义的正确前进方向,明确了工人阶级在德国的斗争对象也包括小资产阶级和小市民阶层。

三、《哥达纲领批判》有哪些前期理论基础？

在《共产党宣言》中，马克思和恩格斯明确说明了德国社会运动之于当时工人阶级运动来说的重要性。他说："共产党人把自己的主要注意力集中在德国，因为德国正处在资产阶级革命的前夜，因为同 17 世纪的英国和 18 世纪的法国相比，德国将在整个欧洲文明更进步的条件下，拥有发展得多的无产阶级去实现这个变革，因而德国的资产阶级革命只能是无产阶级革命的直接序幕。"[1] 虽然在当时德国无产阶级的力量与容克相比差距很大，但是对于共产党来说，德国的无产阶级革命比英国和法国无产阶级革命更加具有代表性。一是，德国当时的社会发展水平已经比英国和法国更高，社会生产方式更加先进。虽然无产阶级同样没有发展到绝对优势，但是，作为欧洲资本主义发展代表之一，其革

---

[1] 《马克思恩格斯文集》第 2 卷，人民出版社 2009 年版，第 66 页。

马克思《布鲁塞尔笔记》部分手稿

命也表现出了较以往其他国家更加独特的地方。二是，虽然当时德国无产阶级的力量总体还不强，但是，德国正在发生的革命，却显现出了比其他西欧国家更加尖锐的工人阶级与资产阶级的矛盾。相较于之前的英国和法国来说，当时德国无产阶级及其政党所面临的革命条件毫无疑问是最为成熟的，共产党能够在革命过程中起到更加直接的领导者角色。所以马克思和恩格斯也说："共产党一分钟也不忽略教育工人尽可能明确地意识到资产阶级和无产阶级的敌对的对立，以便德国工人能够立刻利用资产阶级统治所必须带来的社会和政治的条件作为反对资产阶级的武器，以便在推翻德国的反动阶级之后立即开始反对资产阶级本身的斗争。"[1] 当时，德国资产阶级和无产阶级的矛盾，显然要比英法资产阶级

1　《共产党宣言》，人民出版社 2018 年版，第 65 页。

革命时期两个阶级之间的矛盾更加激烈。德国的工人阶级和社会主义运动，给予马克思和恩格斯巨大的策略和理论启迪，以至于恩格斯在晚年感慨："德国的工人运动是德国古典哲学的继承者。"[1]因此，德国所发生的社会主义运动，要比英国和法国的资产阶级运动更加具有借鉴意义，也让当时身处布鲁塞尔的马克思依旧予以极大的关注。

（一）基于德国工人阶级革命环境的考察与反思

19世纪德国的资产阶级革命和社会主义革命，与英国和法国的资本主义革命有巨大的区别，这种区别是源于生产方式的差异，进而导致社会阶层之间的关系变得特殊而错综复杂。因此，从一定层面上来说，德国的革命更加具备代表性。马克思在开展《资本论》研究之前，就曾经花费大量的时间和精力讨论德国社会一系列深刻的政治、社会、生产等问题，成为之后德国工人阶级及其政党开展革命斗争的重要分析基础。应当注意，马克思对德国革命环境的关注，从他青年时期开展社会和哲学批判就已经开始了，贯穿了整个理论创作经历。因此，

1　《马克思恩格斯全集》第21卷，人民出版社1965年版，第353页。

马克思对德国工人阶级革命环境的考察，是他哲学
批判和政治经济学批判的重要组成部分，其中体现
的科学方法论是与其他地方的思考所采用的方法一
以贯之的。

1.《关于林木盗窃法的辩论》

在普鲁士成长起来的马克思和恩格斯，在青年
时期一方面受到德国古典哲学理论的影响，但是另
一方面，他们在目睹了德国民众受到的剥削欺压中
苦苦冥思，力争为德国人民寻求可行的斗争路线。
众所周知，马克思的第一部具有浓厚社会批判和所
有制批判性质的著作《关于林木盗窃法的辩论》，
就是对公有财产私人占有现象的质疑和控诉。
1841 年 5 月至 7 月，第六届莱茵省议会召开，

莱茵河谷与森林

时长近两个月。在这次议会中，资产阶级民主的参
与方式，令马克思拥有了参与辩论的机会，并且马
克思计划围绕四个问题撰写评论文章，分别是：1.有
关新闻自由出版的问题；2.有关普鲁士国家和天主
教之间的宗教矛盾问题；3.关于林木盗窃法问题；
4.关于莱茵省限制地产析分的法律草案问题。目前
遗留的手稿包括了第一篇和第三篇，第二篇由于当
时普鲁士政府的书报检查制度而未能发表，第四篇
的手稿尚未发现。

在第一篇论文中，马克思主要围绕莱茵省新闻
出版自由、公布省等级会议辩论情况、集权问题展开，
并且发表了针对民主问题、自由问题、宗教与科学
问题、国家问题，以及哲学与社会的问题在内的综
合性的文章——《〈科隆日报〉第179号的社论》，
以及包括学理性较强的、以探索哲学社会科学正确
方法论的《历史法学派的宣言》。从这两篇论文中
可以发现，青年马克思对社会充满了关切，这来自
德国古典哲学的理论和方法论，以及对公平正义观
的社会关切。

马克思参加辩论的第三篇论文，就是著名的《关
于林木盗窃法的辩论》。马克思发表这篇论文的最
直接目的，就是要从最为实际的角度，对普鲁士的
社会制度进行批判，将其之前在辩论中构想的哲学
观和历史学观转化为现实批判。马克思在其中写道：

"我们以前已经描写过省议会舞台上演出的两场大型政治历史剧，一场是有关省议会在新闻出版自由问题上的纠纷的，一场是有关它在纠纷问题上的不自由的。现在我们来到坚实的地面上演戏。"[1]

1842年，马克思24岁。当时的普鲁士，农民、短工、小手工业者等的生活十分贫穷，只能去森林中采集树枝或伐木以获得一些额外的收入。但是，普鲁士政府却置这些社会底层人民的苦难于不顾，要采用更加严厉的法律，对这些前往森林"盗取"林木的民众予以制裁。在当时的森林私有者看来，整个森林都是他们的合法财产，贫民哪怕夺走一个树枝，都是对他们财产权的侵害。因此，他们积极鼓动议会制定更加严格的法律保护自身利益。1841年，普鲁士议会就林木盗窃法进行了辩论。在这场辩论中，大部分人都赞成加重对"偷盗"林木之人的处罚，更加明显地偏袒林木所有者。而年轻的马克思站了出来，直接抨击所谓"林木盗窃"的荒诞思路，为那些德国贫民发声。这一次辩论是马克思在青年时期社会批判的典型活动，也是其政治经济学批判的重要开端，为之后的批判性社会科学创作作了重要准备。其中，马克思为之后的政治经济学批判和哲学批判创造了诸多理论铺垫，包括基于林

1　《马克思恩格斯全集》第1卷，人民出版社1995年版，第240页。

木和枯树的自然属性和社会属性，及其所涉
及的所有权，以及护林人的职位设置背后体
现的一系列复杂的生产关系，等等。但是总
体基调都是对既得利益者及其代言者——省
议会的讽刺与批判。

青年马克思

　　马克思说："你们无论如何也无法迫使人们相
信没有罪行的地方有罪行。你们所能做的只是把罪
行本身变成合法的行为。你们颠倒黑白、混淆是非，
但是，如果你们以为这只会给你们带来好处，那就
错了。人民看到的是惩罚，但是看不到罪行，正因
为他们在没有罪行的地方看到了惩罚，所以在有惩
罚的地方也就看不到罪行了。你们在不应该用盗窃
这一范畴的场合用了这一范畴，因而在应该用这一
范畴的场合就掩饰了盗窃。"[1] 马克思通过批判，看
到了议会和整个普鲁士制度与人民的对立立场，同
时也看到了议会同利益集团的勾连："省议会抹杀
了捡拾枯树、违反林木管理条例的行为和盗窃林木
这三者之间的差别，在问题涉及违反森林管理条例
者的利益时，它抹杀这些行为之前的差别，认为这
些差别并不决定行为的性质。但是，一旦问题涉及
林木所有者的利益时，省议会就承认这些差别了。"[2]

1　《马克思恩格斯全集》第1卷，人民出版社1995年版，第245页。
2　《马克思恩格斯全集》第1卷，人民出版社1995年版，第
　　245—246页。

省议会议员及其所代表的利益集团改变了社会的正
常生产秩序，成为社会秩序和自然秩序的破坏者。
他们为了维护自身利益所采取的种种"惩罚"，已
经比受惩罚本身更加令人感到厌恶。

　　马克思在《关于林木盗窃法的辩论》中，还运
用了深刻的社会有机体理论开展批判。尽管这一方
法并不系统，但是，已经反映了马克思早在青年时
期就已经掌握了从社会生产关系角度看待人的本质
的方法。他说："难道每一个公民不都是通过一根
一根命脉同国家有着千丝万缕的联系吗？难道仅仅因
为这个公民擅自割断了某一根命脉，国家就可以割
断所有的命脉吗？可见，国家也应该把违反林木管
理条例者看作一个人，一个和它心血相通的活的肢
体，看作一个保卫祖国的士兵，一个
法庭应倾听其声音的见证人，一个应
当承担社会职能的集体的成员，一个
备受崇敬的家长，而首先应该把他看
作国家的一个公民。国家不能轻率地
取消自己某一成员的所有职能，因为
每当国家把一个公民变成罪犯时，它
都是截断自身的活的肢体。"[1]马克
思在当时已经注意到，要将个人纳入

如今的德国护林员

_____

1　《马克思恩格斯全集》第 1 卷，人民出版社 1995 年版，第 255 页。

整个社会生产过程中进行阐释。同时，也可以从中体会到，马克思对人的概念的掌握也绝不是单纯从生产角度或经济角度来进行的。马克思在这段话中还包含着另外一层意思，即公民与社会的联系，如同肢体与身体的关系，是全方位的。同时，政治职能或经济职能也并不能代表人的所有职能。

同时，在讨论护林官员是否应该承担确定被盗林木价值的时候，当时的委员会认为，应当由护林官员来确定价值。但马克思认为，委员会的这一决定，违背了护林官员和估价师的应有职能。他指出，护林官员的职能是爱护林木，林木对护林官员的价值是绝对的，但是林木估价者确实应当以怀疑的眼光看待林木，这同护林人对待林木的态度是完全相反的。所以马克思指出："护林官员不能估量被窃林木的价值，因为他每次在笔录中确定被窃物的价值时，也就是在确定自己本身的价值，即自己本身活动的价值；因此，难道你们能够设想，他保护自己客体的价值会不如保护自己的实体吗？"[1]马克思在此分析中，已经涉及了关于劳动价值、使用价值等重要的政治经济学批判术语。当然，马克思具体阐释这些概念，就要等到《哲学的贫困》、《1857—1858经济学手稿》、《政治经济学批判》（第一册），

---

[1]　《马克思恩格斯全集》第1卷，人民出版社1995年版，第257页。

乃至于之后的《1861—1863 经济学手稿》和《资本论》第一卷了。可见，马克思针对普鲁士制度的批判充满了辩证的哲学方法，涉及了政治经济学的部分立场，成为他从政治经济学角度批判现实社会的初步尝试。

2.《哲学的贫困》及其《罢工和工人同盟》

皮埃尔－约瑟夫·蒲鲁东（1809—1865），法国哲学家

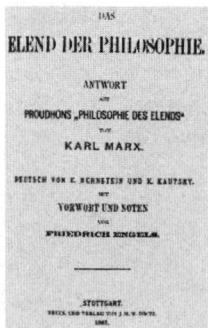

《哲学的贫困》1885年德文版

1847 年 4 月，马克思出版了一部重要的书稿《哲学的贫困　答蒲鲁东先生的〈贫困的哲学〉》。这部书稿是马克思当时专门针对蒲鲁东出版的著作《经济矛盾的体系，或贫困的哲学》而作。在书中，马克思基于社会发展现实，专门揭示了蒲鲁东一系列形而上学的哲学和经济学分析。这部书是马克思在早期撰写的一部重要的综合性批判著作。其中主要分为两章，包括"科学的发现"和"政治经济学的形而上学"。马克思在这部书中，从政治经济学角度，对蒲鲁东开展了彻底的批判，同时，也紧密结合当时德国社会的工人运动，这使得马克思开展的批判具有重大的现实性特征。

在第二章第五节，马克思专门设立《罢工和工人同盟》主题，依据阶级关系和价值理论，对当时西方市场经济体制之下的劳动价值与劳动者工资水平进行了详细的分析，为之后批判拉萨尔"工资钢铁定律"奠定了重要基础。马克思首先针对蒲鲁东关于提高工资与价格的关系展开了论述。在后者看来，提升工资，会导致物价水平上升，因为工资本身是构成财富的各种要素同劳动群众每天维持生产所需消费的"比例"。在蒲鲁东看来，工资单纯就是与劳动人民的生活资料挂钩，生活资料上涨，工资也就会上涨，反之亦然。针对这一论断，马克思进行了根本性的反驳。他指出，提高工资并不会引起商品价格的上涨，因为在提高工资的同时，全社会的普遍利润也会随之降低，普遍利润的降低同单个行业产品的利润降低的巨大差别在于，普遍利润的降低会进一步影响劳动者的工资水平，并不能够根本上提高劳动者长远的购买力。马克思在这里还提出了一个特殊的例子，比如一些生产部门机械化水平较高，在那里，提高工资对于这些部门的影响会更小。整个社会里，竞争导致每一个生产部门的利润平均化。因此，工资水平的提升并不会对商品价格产生实质性的影响。

马克思之所以发现工资与价格的真正关系，从表面上看，是因为他对市场竞争、利润平均化等经济学现象进行了深入的分析。但是从根本上来说，是他比蒲鲁东更加善于从社会整体和社会发展的宏

德国工人罢工遭镇压

观与纵观视角探讨经济学问题，即比蒲鲁东更加具
备历史唯物主义的重要视角。马克思从市场发展的
规律出发，指正了蒲鲁东等人的政治经济学的形而
上学。比如蒲鲁东还认为，工人的罢工"会导致商
品价格的上涨，以及生活必需品的匮乏"。但是马
克思从市场整体角度出发，指出这些情况只是蒲鲁
东等人的主观臆测，"这种思想只有在不可理解的
诗人的头脑里才能出现"[1]。蒲鲁东们只能够针对一
些具体的问题进行分析，但是他们往往忽略了市场
自身的自我调节，以及资本的流动性。因此，马克
思将蒲鲁东的思考方法归结为政治经济学现实中的
"形而上学"。

　　马克思指出，在现代化的社会中，工人的罢工
会直接激发与资产阶级之间的矛盾，这种矛盾会进

1　《马克思恩格斯文集》第1卷，人民出版社2009年版，第650页。

一步刺激资本家采用机器，避免与劳动者的过多矛盾。对于劳动者来说，他们的利益却应当通过更加有序、更加组织化的方式予以表达。"大工业把大批互不相识的人们聚集在一个地方。竞争使他们的利益分裂。但是维护工资这一对付老板的共同利益，使他们在一个共同的思想（反抗、组织同盟）下联合起来。因此，同盟总是具有双重目的：消灭工人之间的竞争，以便同心协力地同资本家竞争。反抗的最初目的只是为了维护工资，后来，随着资本家为了压制工人而逐渐联合起来，原来孤立的同盟就组成为集团，而且在经常联合的资本面前，对于工人来说，维护自己的联盟，就比维护工资更为重要。"[1]因此，马克思批判拉萨尔的"工资钢铁定律"，一是从经济学角度，推翻后者劳动价值论和工资理论的主观化认识；二是通过揭开资本主义经济制度本质，点明无产阶级开展革命的本质目标和手段。在此，马克思重新阐释了工人阶级运动的根本目标，远非单纯争取更高劳动报酬或者其他什么权益，而是要通过形成广泛的工人联盟体，开展深刻的社会革命和政治革命，革命的目标不是为阶级本身赢得什么利益，而是要消灭一切阶级和等级，从根本上

1　《马克思恩格斯文集》第1卷，人民出版社2009年版，第653—654页。

消除剥削，"创造一个消除阶级和阶级对抗的联合体来代替旧的市民社会"[1]。

在同时期，马克思又撰写了《工资》及《工人联合会》。其中，马克思同样对工人阶级的工资理论进行了完善而科学的论述，当然，也可理解为是马克思《哲学的贫困》中有关反对蒲鲁东政治经济学批判的又一补充。马克思在文中对工资的本质进行了明确的定义，即等于商品的价格，人的劳动即为商品。同时，工资是由作为商品的劳动力的供求关系决定的，劳动力的供应取决于提供劳动力需要的劳动时间，等等。在这篇文稿中，马克思还同时提到了蒲鲁东与马尔萨斯理论，将工人阶级革命与政治经济学批判再一次进行了有机的结合。

可见，马克思从理论维度和现实政治实践维度对蒲鲁东的思想进行了全面否定。他指出了工人阶级革命的本质目的，不是要纠结于工资或者待遇，而是要彻底瓦解阶级社会。同时，马克思还对罢工、工人同盟的本质进行阐释，也彻底摆脱了庸俗社会主义对工人运动及其组织的狭隘理解，用历史的发展眼光和考察社会的系统性眼光，赋予工人阶级运动以崭新的历史定位和人类发展定位，真正指明了社会主义运动的前景，也为广大无产阶级树立了正

1　《马克思恩格斯文集》第1卷，人民出版社2009年版，第655页。

确的历史观和革命观。

3. 与恩格斯共同发表在《新莱茵报》上的系列文章

19 世纪中叶，整个德国普鲁士王国处于革命爆发的前夜，在民主和自由声援运动不断高涨的同时，普鲁士政府与各界进步力量的矛盾斗争也更加激烈，全社会的政治进程发展到十分严峻紧张的程度，在其中进行任何革命性创作或者从事革命性工作，都要面临异常强大的阻力。在当时，普鲁士政府对出版行业的控制也十分严格，这是以 1841 年颁发的《新书报检查令》为主要标志的，并且一直延续到往后数十年的时间。马克思在次年发表的《评普鲁士最近书报检查令》，就对普鲁士的出版政策进行了强烈的批判。

《新莱茵报》是当时普鲁士境内唯一能够代表无产阶级观点的报纸，在出版氛围异常严格的环境下，该报也就成为马克思和恩格斯重要的战斗阵地。数月间，马克思和恩格斯在《新莱茵报》上发表了超过一百篇的文章，其中既包括对当时普鲁士社会的整体评价，也包括针对反革命力量的战斗檄文，以及对

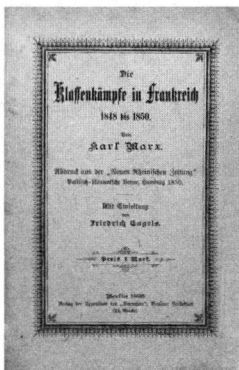

《新莱茵报》封面

革命路线、革命力量的评论等诸多方面。

　　譬如，马克思和恩格斯在对普鲁士社会的形势分析中，撰写了包括《柏林的危机》《书报检查》等系列文章；在针对反革命力量的批判中，二人创作了《柏林的反革命》《反革命政变》《资产阶级和反革命》《反革命的新同盟者》等系列文章。同时，马克思和恩格斯特别针对社会主义运动路线和理论进行了重点阐释。其中，对在当时起到重要影响的拉萨尔的批判，成为相关讨论中的一个关键话题。

　　在 1848 年和 1849 年期间，他们至少 4 次专门针对拉萨尔进行评论。1948 年，拉萨尔刚刚与马克思和恩格斯结识，积极参加工人革命运动，也因此被德国贵族控告而被捕，罪名是"号召武装反对国家政权"。被逮捕后，拉萨尔给马克思和恩格斯写信，请求二人为他辩护。由此，马克思当即开始撰文，一是肯定拉萨尔在狱中面对普鲁士官员时表现出的有理抗争的精神，二是对拉萨尔予以声援，三是对普鲁士当局进行声讨。在当时，马克思是肯定拉萨尔的革命者角色的，因此他才说："不论陪审员如何判决，拉萨尔总是得不到自由的，而普鲁士也就得救了"[1]。由于普鲁士司法系统的拖沓，拉萨尔始终被关押在监狱中，这也激发了马克思对普鲁

1　《马克思恩格斯全集》第 6 卷，人民出版社 1961 年版，第 319—320 页。

士政府和司法系统的批判意向。一是普鲁士法官们
尽管花了很长时间，却依旧不能够给出拉萨尔的罪
名；二是尽管不能够罗列拉萨尔的罪状，但却依然
将之扣留。"可见，拉萨尔所以必须受陪审法庭审
判，不是由于他的主要活动，不是由于真正的武装
活动，也不是由于那时眼看可能在杜塞尔多夫爆发
的真正的起义。在这方面什么'罪'也没有发现。
甚至检察院，虽然那样昏庸无能，也不得不承认这
一点。所谓的罪行是一个纯粹偶然的，附带的行为，
它完全从属于在杜塞尔多夫进行的主要活动，离开
后者则毫无意义，——这个所谓的罪行不是在杜塞
尔多夫为反抗政府而组织武装力量，反倒是号召约
伊斯的居民支持这种组织活动！"[1]在马克思看来，
拉萨尔遭受的完全是一种被针对的、无中生有的司
法活动。

　　《危机和反革命》《资产阶级和反革命》等著作，
也是在这一时期完成的。《危机和反革命》一书是马
克思在 1848 年 9 月完成的。这一文章在当时载于同
年 9 月 14 日《新莱茵报》第 102 号上。通篇文章篇
幅并不长，但是却能够厘清当时发生在普鲁士王国
中心柏林的复杂政治关系，揭露一场政治闹剧。马
克思指出，在革命之后的任何临时性政局之下，无

1　《马克思恩格斯全集》第 6 卷，人民出版社 1961 年版，第 546 页。

产阶级都要实行专政，才能够确保他们的权益在国家层面得以实现。在 1848 年革命中，威廉四世虽然作出了形式上的部分让步，但是，一些革命派并没有坚持原先的革命宗旨，却企图与国王和贵族达成共识。柏林爆发三月二十八日起义之后，自有资产阶级领导人卢多尔夫·康普豪森担任起普鲁士首相，企图借助三权分立和立宪思想，形成与国王和贵族、资产阶级、平民等各个阶层共处的局面。马克思尖锐地指出，康普豪森的这种理念和做法，在革命后的普鲁士显然是不可能如愿的，因为他的内阁表面上是为了缓解各个阶层的矛盾，但实际上，由于自身不具备足够强硬的立场，反而会导致心有余而力不足的情况。马克思指出："内阁想充当调停人。但是它太软弱，不能坚决维护资产阶级和农民的利益，一举推翻贵族、官僚和军阀的权力；它也太不灵活，它的财政措施总是触犯资产阶级的利益。它所做的都是各个党派所不能接受的，因而引起了它恰恰希望避免的冲突"，"'协商'造成了分裂，造成了冲突。这也许要用武力来解决"。[1] 马克思在文中深刻分析了当时普鲁士复杂而动荡的革命斗争形势，也为德国无产阶级制定斗争路线方针以及建

1　《马克思恩格斯文集》第 2 卷，人民出版社 2009 年版，第 69、71 页。

立政权的基本原则提供了重要指导。

　　同年，马克思在《资产阶级和反革命》中，对德国的社会和斗争形势进行了更加具体的论述。这部作品区分了德国三月革命同 1648 年英国革命和 1789 年法国革命的本质区别，以及德国资产阶级面临的革命形势。在《危机和反革命》中，马克思已经阐述了德国资产阶级在表面上掌握权力之后，采用了软弱的均衡手段，力图稳定国内的政治秩序。他们的这种妥协化的施政，很难想象是在革命取得胜利的基础之上形成的——正如马克思指出的，资产阶级应当继续进行专政，借助强硬的手段来稳定政局，而不是采取处处协调的方式。他指出："资产阶级只是袖手旁观，让人民为它作战。因此，转交给它的统治权，也就不是一个统帅在战胜自己的敌人后所掌握的那种统治权，而是一个受取得了胜利的人民的委托来保护人民自身利益的安全委员会所掌握的那种统治权。"[1]普鲁士的革命与英国和法国资产阶级革命的最大不同，是无产阶级在各自国家占据的政治地位的差别——在英国和法国革命时期，无产阶级并不是一种独立发展的和具有独立革命力量的阶级；而

腓特烈·威廉四世（1795—1861），普鲁士王国国王（1840—1861 年在位）

1　《马克思恩格斯文集》第 2 卷，人民出版社 2009 年版，第 73 页。

在 19 世纪的普鲁士，无产阶级显然已经成为一个足以影响国家和民族的阶级，并且这个阶级已经拥有了较为科学的革命指导纲领，以及较为成型的组织体系了。

马克思认为，在普鲁士发生的三月革命，具有民族的特殊性，以至于不应当属于欧洲的整体革命，而最多只能算作普鲁士王国的一种地方性起义——因为与其他国家，特别是英法相比较，普鲁士的三月革命只能是一种落后的运动，追求的是早已属于欧洲历史的落后的政治制度。德国资产阶级不论是在革命理念上，还是在组织上，都已经落后于欧洲的整体革命水平，在面对日益发展的无产阶级时，也无法继续保持领导地位，即使在面对贵族阶层时，也显得力不从心。在马克思看来，当时作为革命领导阶级的资产阶级，只不过是一

三月革命中的柏林街头

开始就蓄意背叛人民、首创精神尽失、没有阶级自信、缺乏斗争经验、懦弱无主见、善于空谈、重视私利、缺乏毅力的阶层。这使得当时普鲁士的民主革命没有新意和进步可言。

（二）基于法国无产阶级革命现状的考察与反思

正当英国资本主义迅猛发展，步入维多利亚时代鼎盛阶段之时，欧洲大陆的法国和德国先后经历着剧烈的社会动荡，社会情势复杂异常，社会矛盾激烈而且盘根错节。在德国，最主要的矛盾是当时普鲁士王国国王腓特烈·威廉四世与资产阶级的矛盾，以及资产阶级与无产阶级的矛盾。由于德国资产阶级在革命中并没有表现出彻底性，在马克思撰写《共产主义宣言》前后，德国的革命出现了反复。这样的情况也同样出现在法国。法国革命在历史上就先后经历了不同阶级和政权先后上台的局面。特别是在 19 世纪，随着无产阶级加入政治斗争，马克思和恩格斯也更加关注基于德国和法国的革命斗争形势，着重分析各个阶级之间的利益关系，以及王权、议会权等这些政治力量究竟各自扮演着什么样的角色，从而为制定符合德国革命需求的策略提供重要的现实素材，并力图将之拉回到正确的路线上来。

1.《1848 年至 1850 年的法兰西阶级斗争》

如果说《哥达纲领批判》和《法兰西内战》是

马克思在巴黎公社运动失败之后对无产阶级革命进行的全面深刻的总结，那么，《1848 年至 1850 年的法兰西阶级斗争》则是马克思总结 1848 年法国革命经验的重要总结，这一作品之于无产阶级的意义，与前两部著作一样，都极为深远。

　　1848 年的法兰西二月革命，是由法国资产阶级领导的推翻七月王朝、建立法兰西第二共和国的革命。七月王朝始于法国七月革命，当时的奥尔良公爵路易·菲利普登上王位，因此又名"奥尔良王朝"。二月革命，就是推翻了七月王朝的资产阶级革命。这次革命对于无产阶级的重大意义在于，更加坚定了无产阶级要走暴力推翻资产阶级、建立无产阶级专政的信念。之后，随着无产阶级在革命中的意向更加明确，与新生的资产阶级之间矛盾也更加激烈。6 月下旬，巴黎工人阶级由于资产阶级共和派政府封闭"国家工场"而发动起义，经过数天的抗争，终因力量悬殊而失败。但是，对于巴黎工人的英勇

法国二月革命

斗争，马克思给予了高度的评价，充分肯定这场抗争的意义。他说："这是分裂现代社会的两个阶级之间的第一次大规模的战斗。这是保存还是消灭资产阶级制度的斗争。蒙在共和国头上的面纱被撕破了。"[1]工人阶级第一次针对资产阶级发动的正式公开的斗争，不是发生在资本主义发展更加充分的英国，而是在社会矛盾更加激烈的法国。

马克思对革命前后法国的政治社会情况进行了全面而深刻的揭露。在统治阶级层面上，多数掌控国家权力的资产阶级政客，纷纷控制着国有大型工程，而一系列可能对既有获得利益的资产阶级造成影响的改革，则不出意外地遭到取消。因此，马克思将七月王朝称为"剥削法国国民财富的股份公司"，那些掌控着权力的内阁大臣和其他权贵，则是这个公司的经理。如果说上层的权力操控者是在为自身的利益而操纵资产阶级政权，那么，处在底层的一些"流氓无产阶级"，则扮演着不光彩的市井角色。

马克思同样不会忽视经济因素给法国革命带来的影响。在起义之前，西欧经济遭受了重大冲击，一方面是来自农业，当时的马铃薯因病害而歉收，导致人民的基本生计无法得到保障，这一状况与当时执政者们的奢靡生活形成了极大对比；另一方面

1　《马克思恩格斯文集》第2卷,人民出版社2009年版,第101页。

七月革命后，七月王朝正式建立

是起源自英国的工商业危机，进一步弥漫到欧洲大陆，对金融贵族产生了巨大冲击。当然，这一危机不可避免地会波及最底层的小手工业者和工人，这也成为诱发二月革命的又一重要背景。

当时的法国社会，资产阶级与无产阶级的力量实际上处于一个十分微妙的状态之中。其一，法国的工业得到了快速发展，工业资产阶级的力量迅速壮大，但是，他们在二月革命中并没有取代金融资产阶级成为执政者，法国的经济命脉依旧掌握在那些金融资本家手中。其二，随着法国工业资本的发展，无产阶级的力量也迅速增加，并且形成了强大的阶级力量。但是，在巴黎之外的工人们往往并不聚集，纵然数量客观，也无法组建成为强大的革命力量。虽然在法国首先形成了工人阶级与资产阶级的直接对抗，但是，这种对抗由于工人阶级的分布特征，也只能在法国的部分地区存在。"在革命进程把站在无产阶级与资产阶级之间的国民大众即农民和小资产者发动起来反对资产阶级制度，反对资本统治以前，在革命进程迫使他们承认无产阶级是自己的先锋队而靠拢它以前，法国的工人们是不能前进一步，不能丝毫触动资产阶级制度的。工人们只能用惨重的六月失败做代价来换得这个胜利。"[1]法国工人阶级在当时革命中扮演的角色，是与他们的实际力量极不相称的。在革命斗争中出现的种种工人阶级与资产阶级之间的斗争与妥协，恰恰反映了这一点。当然也可以认为，工人阶级的力量在法国政治力量中的比重已经远远超过了当时欧洲包括德国在内的其他主要资本主义国家。

事实证明，不论是七月王朝还是后来的临时政府，它们的资产阶级政权的性质决定了工人阶级在一场场的革命中注定无法获得应该属于他们的合法利益。"工人的解放——即令只是空话——也已成了新共和国不堪忍受的危险，因为要求工人解放，就意味着不断反对恢复信用，而这种信用是以坚定不移地、毫不含糊地承认现存的经济的阶级关系为基础的。所以，一定要把工人清除出去。"[2]此时，流氓无产阶级又同资产阶级勾结在一起，前者成为

1　《马克思恩格斯文集》第2卷，人民出版社2009年版，第89页。
2　《马克思恩格斯文集》第2卷，人民出版社2009年版，第95页。

了后者的打手和别动队。而法国的无产阶级却只能在观念和想象中构建起属于自己的政权。所谓的"共和国"只是由资产阶级建立的国家，对于无产阶级来说，这种政权是不可靠的。虽然无产阶级能够对这一政权施加一些压力，换得形式上和表面上的妥协。但是，资产阶级根本不可能对无产阶级作出任何实质性的让步。等到两个阶级的矛盾达到不可调和的地步时，资产阶级会毫不犹豫展开残酷的镇压。

马克思说："无产阶级既然将自己的葬身地变成了资产阶级共和国的诞生地，也就迫使资产阶级共和国现了原形：原来这个国家公开承认的目的就是使资本的统治和对劳动的奴役永世长存。已经摆脱了一切桎梏的资产阶级统治，由于眼前总是站立着一个遍体鳞伤、决不妥协与不可战胜的敌人——其所以不可战胜，是因为它的存在就是资产阶级自身生存的条件——就必定要立刻变成资产阶级恐怖。"[1]法国的资产阶级革命折射出的资产阶级与无产阶级的矛盾，令马克思坚信，无产阶级革命已成为战胜资产阶级的唯一道路。1848年的革命爆发之时，马克思和恩格斯已经完成了《共产党宣言》的写作，二月革命及之后的法国革命，已经充分印证了《共产党宣言》的正确性。马克思关于阶级关系、

---

[1]　《马克思恩格斯文集》第2卷，人民出版社2009年版，第104页。

工人阶级斗争路线、组织路线等立场，先后在《共产党宣言》与紧随之出版的《1848 年至 1850 年的法兰西阶级斗争》中得到了全面展现。如果说，《共产党宣言》是全世界无产阶级运动的纲领，那么，《1848 年至 1850 年的法兰西阶级斗争》则是马克思对法国革命的一次深刻系统的剖析，揭示了在一个资本主义国家内部无产阶级运动的具体状况。它们共同说明了，在 19 世纪的欧洲，面对资产阶级社会及政权，只有开展无产阶级运动，才能够夺得政权。

2.《路易·波拿巴的雾月十八日》

恩格斯曾经说："法国是这样一个国家，在那里历史上的阶级斗争，比起其他各国来每一次都达到更加彻底的结局；因而阶级斗争借以进行、阶级斗争的结果借以表现出来的变换不已的政治形式，在那里也表现得最为明显。"[1] 近代法国的各个阶层，包括资产阶级、无产阶级开展的大革命运动，为人类社会理论和政治理论的构建提供了重要的现实素材，也为当时正处在理论转型时期的马克思构建世界无产阶级的科学革命斗争观、政党观、群众观等

---

1 《马克思恩格斯全集》第 21 卷，人民出版社 1965 年版，第 290—291 页。

提供了十分关键的实践参照。《路易·波拿巴的雾月十八日》，详细记录了从 1848 年 2 月到 1851 年路易·波拿巴发动政变的过程，其中涉及法国的政权形态、工人阶级运动、资产阶级的表现等全方位内容，成为马克思本人以及之后的社会主义者们讨论斗争问题的关键性文本。

《路易·波拿巴的雾月十八日》详细阐述了当时法国国内激烈而微妙的阶级关系。就《哥达纲领批判》的影响来说，其中有一个重点成果，就是展示了资产阶级政权的利益源头。马克思在其中指出："法国资产阶级的物质利益恰恰是和保持这个庞大而分布很广的国家机器最紧密地交织在一起的。它在这里安插自己的多余的人口，并且以国家薪俸形式来补充它用利润、利息、租金和酬金形式所不能获得的东西。另一方面，资产阶级的政治利益又迫使它每天都要加强压制，即每天都要增加国家政权的经费和人员，同时又必须不断地进行反对社会舆论的战争，并由于猜疑而去摧残和麻痹独立的社会运动机关，如果不能把它们根本割掉的话。这样，法国资产阶级的阶级地位就迫使它一方面要根本破坏一切议会权力、包括它自己的议会权力的生存条件，另一方面则使

路易－拿破仑·波拿巴（1808—1873），又称拿破仑三世

得与它想敌对的行政权成为不可抗拒的权力。"[1]在当时，法国的资产阶级已经沉浸在自身的利益中不能自拔，他们掌控的议会以及国家制度体系，将之变为赢得利益的工具。

而面对这样一个国家政权，作为流氓无产阶级代表的路易·波拿巴则采用了各种粗鄙的政治手腕以获得政治利益。例如，在他主导下成立的"十二月十日会"就是其中一个典型的代表。"在他巡游期间，十二月十日会的会员们成群地聚集在沿途各火车站，装做迎驾的群众，并表示人民的热情，高叫'皇帝万岁！'，侮辱和殴打共和党人——所有这些，当然都是在警察保护下干出来的。在他返回巴黎的途中，这些人就充当了前卫，防止或驱散敌对性的示威游行。十二月十日会属于他，是他创造出来的，是完全出自他自己的主意。在其他方面，他据为己有的东西，都是由于形势关系落到他手中的；他所做的一切，都不过是形势替他做好或者是他模仿别人的行为罢了。他公开地对资产者大打其关于秩序、宗教、家庭、财产的官腔，暗地里却依靠着舒夫特勒和斯皮格尔勃之流的秘密团体，依靠着无秩序、卖淫和偷窃的团体。"[2]在马克思眼中，

1　《马克思恩格斯文集》第2卷，人民出版社2009年版，第512页。
2　《马克思恩格斯文集》第2卷，人民出版社2009年版，第524页。

十二月十日会就是波拿巴本人的真实写照。尽管路易·波拿巴取得了政治斗争的暂时性胜利，但是，这种胜利是建立在资产阶级的自我弃权的前提之下的。经过一系列的政治动作，路易·波拿巴终于获得了胜利，登上了王位。

马克思在《路易·波拿巴的雾月十八日》中对 1848 年 2 月至 1851 年 12 月期间法国进程的概述：

Ⅰ.第一个时期，从 1848 年 2 月 24 日起到 5 月 4 日止。二月时期。序幕。普遍友爱的骗局。

Ⅱ.第二个时期，共和国成立和制宪国民议会时期。

（1）从 1848 年 5 月 4 日起到 6 月 25 日止。一切阶级同无产阶级进行斗争。无产阶级在六月事变中遭受失败。

（2）从 1848 年 6 月 25 日起到 12 月 10 日止。纯粹的资产阶级共和派专政。起草宪法。宣布巴黎戒严。资产阶级专政因 12 月 10 日波拿巴当选为总统而废除。

（3）从 1848 年 12 月 20 日起到 1849 年 5 月 28 日止。制宪议会同波拿巴以及和波拿巴联合起来的秩序党进行斗争。制宪议会灭亡。共和派资产阶级遭受失败。

Ⅲ.第三个时期，立宪共和国和立法国民议会时期。

（1）从 1849 年 5 月 28 日起到 1849 年 6 月 13 日止。小资产阶级同资产阶级和波拿巴进行斗争。小资产阶级民主派遭受失败。

（2）从 1849 年 6 月 13 日起到 1850 年 5 月 31 日止。秩序党实行议会专政。秩序党以废除普选权而完成自己的统治，但失去议会制内阁。

（3）从 1850 年 5 月 31 日起到 1851 年 12 月 2 日止。议会资产阶级和波拿巴进行斗争。

（a）从 1850 年 5 月 31 日起到 1851 年 1 月 12 日止。议会失去军队总指挥权。

（b）从 1851 年 1 月 12 日起到 4 月 11 日止。议会重新支配行政权的企图遭到失败。秩序党失去独立的议会多数。秩序党同共和派和山岳党联合。

（c）从 1851 年 4 月 11 日起到 10 月 9 日止。尝试修改宪法，企图实现融合和延长任期。秩序党分解为各个构成部分。资产阶级议会和资产阶级报刊同资产阶级群众最后决裂。

（d）从 1851 年 10 月 9 日起到 12 月 2 日止。议会和行政权公开决裂。议会正在死亡和崩溃，被自己的阶级、军队以及其余各阶级所抛弃。议会制度和资产阶级的统治覆灭。波拿巴获得胜利。对帝制复辟的拙劣可笑的模仿。[1]

路易-拿破仑·波拿巴发动雾月政变

马克思在笔下所展示的，一是资产阶级的自私和懦弱，二是身为总统的波拿巴的鄙陋的奸诈。在由这两种势力把持的法国政局，毫无疑问充斥着激烈而低俗的政治斗争。象征着当时法国先进生产力水平的资本主义制度，以及壮大的资产阶级，非但

---

1 《马克思恩格斯文集》第 2 卷，人民出版社 2009 年版，第 558—559 页。

没有展现应有的政治存在感，相反，却成为革命中的投降派。他们轻易就放弃了议会的权力，并向路易·波拿巴妥协，让国家的权力掌握在流氓社会主义的总统和皇帝手中。这种格局，给了无产阶级开展革命斗争以充分的现实动机：尽管面对的统治者强大而凶残，但是，工人阶级在政治舞台上扮演的角色越来越重要，革命性越来越强烈，也具备了更加明确的斗争目标。

应当说，《路易·波拿巴的雾月十八日》，是《法兰西内战》部分内容的详细展开，也是重要的补充。马克思在其中十分详细地介绍了19世纪中叶，法国国内资产阶级、封建阶级和工人阶级的复杂斗争关系，以及对当时法国国家形态进行了深刻的剖析。通过对其间法国革命的分析，马克思也为二十多年之后解析德国无产阶级运动和德国无产阶级政党路线提供了十分宝贵的参照。可以看到，虽然法国、德国以及其他西方国家的社会发展程度、阶级存在和阶级斗争状况等不尽相同，但是马克思在论述过程中，采用的分析方法、分析立场及视角，都是一以贯之的。不论是对某一个阶段革命运动的论述，还是对一段时期革命运动的论述，马克思始终运用历史考察法、社会矛盾分析法，结合无产阶级政党执政规律、人类历史发展一般规律进行深入剖析，反复展示了科学的革命分析方法。

3.《法兰西内战》

如果说，19世纪德国的无产阶级运动面临的是来自容克势力和资产阶级势力的联合镇压，以及社会主义内部各阵营的复杂斗争，那么，法国无产阶级运动所面临的，则是来自资产阶级的更加血腥的扼杀。在时隔20多年之后，法国又爆发了世界无产阶级运动史的又一里程碑式运动——巴黎公社运动。这场运动中，巴黎的工人阶级建立了第一个位于首都的无产阶级政权，是世界社会主义运动的重大进展。巴黎公社运动堪称是法国历史上最壮烈的无产阶级运动之一。革命者面临的敌人极为凶残。虽然1848年，资产阶级已经对无产阶级进行了残暴的报复，但是，正如恩格斯在1891年为《法兰西内战》撰写的导言中所说，"和资产阶级在1871年的狂暴比较起来，1848年事件还只能算是一种儿戏"[1]。因此，撰写于巴黎公社运动失败之后的《法兰西内战》，就是马克思充分基于法国社会主义运动史，以及资产阶级对无产阶级的最为血腥的镇压而创作的。在马克思看来，法国的革命对德国工人阶级来说影响是非常

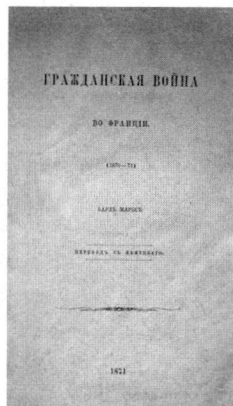

《法兰西内战》1871年俄文版扉页

1　《马克思恩格斯文集》第2卷，人民出版社2009年版，第102页。

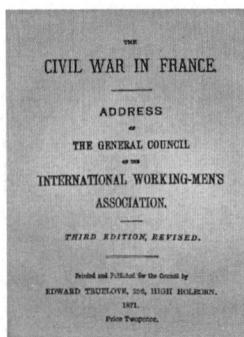

《法兰西内战》1871
年英文第三版扉页

《法兰西内战》，人
民出版社 2016 年版

深远的，因为普鲁士政权在法国革命期间表现出了极端的虚伪和奸猾，令工人阶级不得不提高警惕，面对同法国无产阶级一样的形势——毕竟，这种防范在俾斯麦上台之后就更显必要了。同时，法国资产阶级政权和普鲁士政权，也同样对工人阶级保持着高度的警惕，甚至是恐惧。因此，在整个欧洲大陆，工人阶级与资产阶级的矛盾，已经到了十分尖锐的程度。

在《法兰西内战》中，马克思不仅对法国的革命状况进行了系统阐述，也结合普鲁士以及英国当时的形势，重新强调了工人阶级的职责，并号召每一个国家的国际工人协会和工人阶级团结起来。因此，《法兰西内战》堪称马克思对法国乃至整个欧洲无产阶级运动的总结。

从马克思笔下可以得知，虽然法国资产阶级和普鲁士及其容克阶层，在针对各自国内无产阶级时，体现出的是一种同盟关系，但是这种同盟关系是极为脆弱的。两国政权除了共同的阶级敌人之外，彼此之间也充满了尔虞我诈。对于俾斯麦来说，当时羸弱的法国资产阶级政府俨然成为其控制这个国家的工具。事实也充分证明了这一点，"到1871 年 1 月 28 日，骗子们终于丢开了假面具。国防政府投降了，它视极度的自甘屈辱为真正的英雄行为，变成了由俾斯麦的俘虏组成的法国政府——这样一个屈辱的角色，甚至连路易·波拿巴在色当时都未敢承当。"[1] 两国统治政权这种貌合神离的关系，恰恰为马克思提出工人阶级之间要形成革命同盟关系提供了重要的现实依据。而在面对俾斯麦的普鲁士王国时，资产阶级的种种无能和昏腐，也令马克思有充分的理由，号召法国工人阶级取代资产阶级，为保卫国家而英勇抗争。

法兰西第三共和国国徽

巴黎公社运动，给当时的工人阶级运动带来了全新的理念和模式。在纪念巴黎公社运动十五周年时，恩格斯说："为阻挠无产阶级成功而精心策划的种种措施，只是加速无产阶级的胜利进军。敌人在做对我们有利的事，他们不得不这样做。"[2] 尽管在资本主义国家，工人阶级发展得越快速，资产阶级对工人阶级的镇压也越残酷，但是，资产阶级必然灭亡、无产阶级必然胜利的历史趋势和一般规律，不会随着国家的差异而发生改变。恩格斯指出："在德国，俾斯麦用尽了一切手段，直到最卑鄙的手段，来扼杀工人运动。

1　《马克思恩格斯文集》第3卷，人民出版社2009年版，第133页。

2　《马克思恩格斯全集》第21卷，人民出版社1965年版，第300页。

结果是：在公社以前他的对头有四个社会主义议员，在他迫害以后，目前选出了二十五个。工人们嘲笑这位首相：即使出钱雇他，他的革命宣传也不会做得比现在更出色了。"[1] 工人阶级及其政党，是要创造出真正自由和联合的劳动同盟，而不是部分人提到的虚假的劳动解放概念。马克思指出，在当时社会中的工人阶级，并不会去谋求在资本主义体制内部会有类似于"一纸人民法令"来推动社会的突然进步，而是在革命的同时，也要在现代社会中创造出更高的生产形式。工人们要建立起的政权，则是要能够充分激发代表着未来先进生产力的因素，实现按照共同的计划调节生产，结束无政府主义和资本主义危机带来的社会动荡。

　　除了生产方面，工人阶级建立的政权还应从政治角度，切实保障自身的权益。当时的资产阶级政府，运用政治机器蒙蔽人民，民众丧失参政议政甚至知情的权力。法国国民对他们的国家政策制度以及资产阶级的昏腐程度都知之甚少。在实际的政治参与过程中，他们往往由于统治阶层的误导，并不能够作出正确的选择。比如，他们起初支持路易·波拿巴上台，认为后者能够给他们带来实际的利益。但其实，只有工人阶级才能够在实践和理论上有充

1　《马克思恩格斯全集》第21卷，人民出版社1965年版，第300页。

沛的革命动力，才能真正改变巴黎和
整个法国的面貌。马克思说："第二
帝国的那个花花世界般的巴黎消失得
无影无踪。巴黎不再是大不列颠的大
地主、爱尔兰的在外地主、美利坚的
前奴隶主和暴发户、俄罗斯的前农奴
主和瓦拉几亚的大贵族麕聚的场所
了。"[1] 巴黎公社运动，让法国民众
拥有了独立的政权、公平的价值观、

路易－阿道夫·梯也
尔（1797—1877），
在担任法国政府首脑
期间勾结普鲁士镇压
巴黎公社运动，之后
成为法兰西第三共和
国总统

文明的社会氛围，暂时告别了所谓的"正统派""奥
尔良派""共和派"等落后的、腐朽的政党流派，
与梯也尔掌权时期对无产阶级的敌视与血腥镇压和
对俾斯麦的卑躬屈膝展开了坚决的斗争，是争取改
变马克思称之为"幽灵的巴黎，francs-fileurs 的巴黎，
男女闲荡者的巴黎，富人的、资本家的、花花公子的、
无所事事者的巴黎"[2] 的一次伟大尝试。而俾斯麦所
期望的，也是希望梯也尔去做的，同样是改变整个
巴黎，不过，这种改变，用马克思的话说，就是要
把巴黎变为散布着巴黎无产者尸体的废墟。

1　《马克思恩格斯文集》第3卷，人民出版社2009年版，第165页。
2　"francs-fileurs"是对当时从巴黎逃出的资产者们的讽刺称呼。
　　《马克思恩格斯文集》第3卷，人民出版社2009年版，第167页。

（三）基于对工人运动目标和原则的考察与反思

马克思创作《哥达纲领批判》，是在长期对欧洲和世界工人阶级运动的全面把握，对革命分析方法的不断凝练和坚持的基础上展开的。因此，整个作品每一处地方，无不体现着高度的现实关注、深厚的理论逻辑和坚定的革命斗争信念。当时，德国和法国国内的复杂情况，给社会主义运动带来了良好的形势，但同时，也极易造成阵营内部出现错误的思潮，歪曲工人运动的目标和原则。也正是如此，马克思才得以针对当时社会主义运动的各种问题，及时、准确地提出策略方案，成为世界其他地区工人阶级开展革命运动的理论源泉。马克思不仅长期从现实层面关注工人运动，还不断从斗争的路线层面解析工人运动，时刻关注革命的最新发展和工人阶级的指导方针，实现了高度的理论性与实践性的统一。当《哥达纲领》问世之后，马克思立刻对之从目标和原则等方面给予纠正，在他去世之后，这一批判作品仍然对国际社会主义运动起着重要的指导作用。可以认为，《哥达纲领批判》是马克思在巴黎公社运动之后集聚了政治经济学批判、资本主义国家批判和科学社会主义革命理论的重要著作。

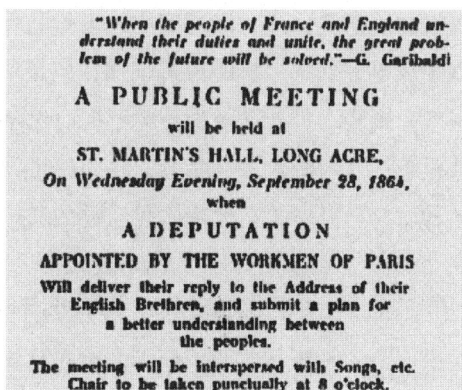

"When the people of France and England understand their duties and unite, the great problem of the future will be solved."—G. Garibaldi

A PUBLIC MEETING

will be held at

ST. MARTIN'S HALL, LONG ACRE,

On Wednesday Evening, September 28, 1864,

when

A DEPUTATION

APPOINTED BY THE WORKMEN OF PARIS

Will deliver their reply to the Address of their English Brethren, and submit a plan for a better understanding between the peoples.

The meeting will be interspersed with Songs, etc. Chair to be taken punctually at 8 o'clock.

国际工人协会成立大会会议通知

1.《国际工人协会成立宣言》及《国际工人协会共同章程》

马克思在撰写《哥达纲领批判》之前的一段时间里开展了较为系统的工人阶级运动方式、组织形

国际工人协会成立大会会议地点——伦敦圣·马丁堂

式和政权制度研究。这一段时间中，虽然马克思仍
然致力于从事《资本论》的艰苦创作，但是，西欧
工人运动的现实发展，又令他不得不同时对革命的
具体过程予以及时的考察和指导。这是继《共产党
宣言》之后，马克思关于无产阶级运动的又一具体
考察阶段。在这一阶段中，马克思与恩格斯形成了《国
际工人协会成立宣言》和《国际工人协会共同纲领》
这两部规定工人阶级具体斗争原则、树立具体斗争
目标的重要战斗纲领，也成为两人在后期为无产阶
级运动留下的重要政治文献。

国际工人协会也称第一国际。19 世纪 50 年代以
后，工人运动在欧洲不断高涨。但是，在一段时间里，
工人们的运动过于分散，无法集中力量完成大规模
的社会目标。于是，建立一个集中统一的工人运动
组织就成为非常急迫的要求。1863 年，波兰境内爆
发了反抗沙俄统治的起义，但遭到了沙皇政府的镇
压。1864 年 9 月，英国工联在伦敦召开大会，决定
建立国际性的工人协会，并成立领导委员会。就此，
国际工人协会正式宣告成立。

在成立时，选举形成临时委员会，以及一个专
门负责起草协会章程的"小委员会"。马克思同时
入选这两个委员会，并起草了《国际工人协会成立
宣言》和《协会临时章程》，1864 年 11 月由中央
委员会（前临时委员会）通过。1866 年 9 月，日内

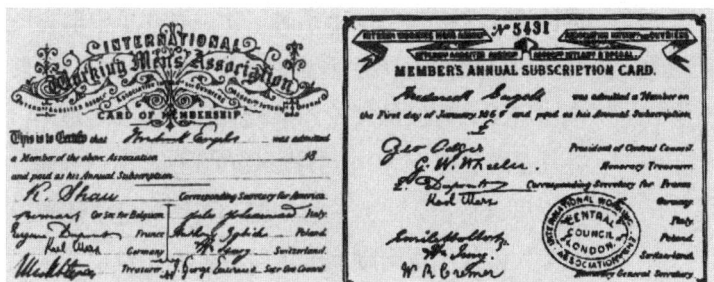

恩格斯的国际工人协会的会员证和会费卡

瓦大会讨论后正式通过了章程，称为《国际工人协会章程》，1871年9月在伦敦代表会议中修改并命名为《国际工人协会共同规章》。

在《国际工人协会成立宣言》中，马克思在一开始就讨论了工人阶级的生活状态。他敏锐地提出，在当时，英国工人的生活水平处于社会的最低端，甚至连监狱中的罪犯，工作的强度也要比工人们低，而生活待遇却要比工人们高。然而在资产阶级议会中，官方置这些客观事实于不顾，宣称工人们的生活和工作状况得到了极大改善，超过了任何一个国家的任何一个时代。可见，资产阶级对工人阶级的剥削，随着两个阶级的斗争不断激烈而愈加严重。

在《国际工人协会成立宣言》中，马克思还提出了一个非常重要的理论，对于工人阶级的斗争起着重大的启示作用，那就是他看到了工人阶级还应当重视在政治经济领域开展斗争。一方面，他引出英国工人阶级在争取十小时工作法案斗争中取得的胜利，从中看到了政治联合的作用。也正是这一胜利，证明了工人阶级的理论能够战胜资产阶级的理论，并且在之后的斗争中能够找到新的道路。另一方面，马克思也指出，工人阶级的劳动政治经济学还在验证工人阶级结成劳动联盟的重要性。在包括资本主义在内的一切私有制社会中，劳动者由于被私有制束缚，从而难以实现全面的解放。但是，一旦劳动者能够以联合的方式开展劳动，那么，就能够大大推动劳动生产力。而要实现这种联合，最根本的目标，就是要夺取政权。1848年革命失败之后，工人阶级运动整体陷入低潮，这既有来自工人阶级自身的问题，还有来自资产阶级政权的阻力。工人阶级虽然人数众多，但是，如果不能够联合，就无法实现解放劳动，也无法开展团结的斗争。因此，只有夺取政权，才能够为工人阶级开展联合劳动，进而为解放劳动创造政治条件。在宣言的最后，马克思依旧发出了"全世界无产者，联合起来！"的号召。

《国际工人协会共同章程》，是马克思为国际工人协会成立而专门撰写的纲领，也是对践行《国际工人协会成立宣言》的具体规划。在这篇章程中，马克思基于工人阶级要开展消除特权和垄断权、争取平等权利、消灭一切统治阶级的目标，鉴于过去工人阶级由于分散造成的运动的困局，提出了建立

国际工人协会出版的各类刊物

国际工人协会，让工人阶级团结起来的具体措施。
包括规定了国际工人协会的成员资格设立，协会的
主要目的是要谋求各国工人团体的联络和合作，协
会的组织方式是采取协作与独立相结合的方式，在
召开代表大会、设立总委员会、成立政党的同时，
设立支部，实现对分散的工人团体的有效而直接的
联系，等等。

马克思在《国际工人协会成立宣言》和《国际
工人协会共同章程》的撰写过程中，充分考虑了工
人阶级在斗争过程中对于联合的需要，针对当时的
具体环境，和世界各国无产阶级的实际特点，提出
了科学的纲领。这两部文献，比《共产党宣言》更

加强调了工人组织的重要性，也更加明确地指导了提高工人组织性的方法。历史已经证明，马克思在当时提出的联合工人阶级的策略，是完全符合工人阶级斗争发展需要的，其现实指导性在之后的一系列无产阶级运动中得到了充分验证，1871 年，第一国际法国支部参加和领导的巴黎公社运动，就充分证明了马克思的正确性。虽然第一国际随着巴黎公社运动被镇压而逐渐沉寂，但是，马克思关于工人联合的观点，已成为世界无产阶级运动的重要遵循，是对群众史观的重大发展和充分阐释。

2.《巴枯宁〈国家制度和无政府状态〉一书摘要》

马克思批判《哥达纲领》是有着深厚的前期国家观基础的。比如，1874 年至 1875 年初，他在《巴枯宁〈国家制度和无政府状态〉一书摘要》中，就明确阐释了阶级、国家和阶级革命的内涵，也明确反对无政府主义的社会主义。巴枯宁认为，马克思所指认的"工人应当建立人民国家"是不切现实的，因为若无产阶级成为统治阶级，会无法寻找到一个被统治对象，那么，由无产阶级统治的这个国家是没有意义的，因为如果要建立无产阶级的阶级统治，就必须要寻找到一个"被无产阶级统治的无产阶级"，

以至于"整个无产阶级都将成为政府
的首脑"。由此，巴枯宁认为，社会
主义应当以一种无国家、无政府的形
式存在。

　　针对巴枯宁的误解，马克思从国
家的本质意义和组成方式这一根本问
题上给予了回击。首先，马克思阐述
了无产阶级政府存在的必要性。从斗
争的需要来看，只要资产阶级继续存
在，那么，无产阶级就有充分的理由和需求建立无
产阶级专政。从历史发展规律来看，私有制经济并
没有结束，阶级和阶级斗争的存在就依然有其合法
性。"只有在工业无产阶级随着资本主义生产的发展，
在人民群众中至少占有重要地位的地方，社会革命
才有可能。"[1]此时，无产阶级就必须借助国家和暴
力革命，将资产阶级作为专政对象，从而形成国家。
其次，马克思阐述了无产阶级革命的实质，那就是
要以"彻底的社会革命"确立无产阶级的统治。马
克思认为，造成巴枯宁对国家和政府之于无产阶级
功用的忽视的原因还在于，他并没有真正理解无产
阶级革命的实质内涵——并不是简单地用一个国家
或政府取代另一个国家或政府这种形式上的更迭，

[俄] 巴枯宁：《国
家制度和无政府状
态》，商务印书馆
2013 年版

1　《马克思恩格斯文集》第3卷，人民出版社2009年版，第404页。

而是要完成从经济制度的更迭进而引发政治社会制度的更迭。他说道:"他希望,建立在资本主义生产的经济基础之上的欧洲社会革命要按俄国或斯拉夫的农业民族和游牧民族的水平来进行,并且不要超过这种水平,虽然他也看到,航海造成了兄弟之间的差别。但也只不过是航海而已,因为这是一切政治家都知道的差别!他的社会革命的基础是意志,而不是经济条件。"[1]应当指出,这一观点是将政治经济学批判同科学社会主义和唯物史观的重要融合。最后,马克思阐述了无产阶级政府的真正内涵和意指,即公社"自治",彻底回击了巴枯宁从构成形式上对马克思关于无产阶级国家和阶级的质疑。巴枯宁之所以抨击马克思的无产阶级国家和政府概念,是前者囿于传统首脑制国家和政府思维,将工人阶级国家和政府的所有成员统一认为是首脑。马克思指出,巴枯宁产生误解的原因在于他对工会组织的结构并不清楚,他忽视了工会执行委员会的存在,也忽视了"在工厂中一切分工和由分工而产生的各种不同的职能"[2]。工人阶级政府的成员是工人阶级本身,工人个人的自我管理将代替他人管理,此时,统治和管理也就自行消失了,因为"他只是他自己,

1　《马克思恩格斯文集》第3卷,人民出版社2009年版,第404页。
2　《马克思恩格斯文集》第3卷,人民出版社2009年版,第405页。

而不是别人"，"阶级统治一旦消失，目前政治意义上的国家也就不存在了"。[1]马克思还补充道，能实现这一社会程度的根本推动力，依然是"经济基础"和"选民间的经济关系"。

西方的"政治精英"形象（图为英剧《皇家律师》剧照）

　　马克思的国家观，并不是简单地对国家的构成和起源进行介绍，而是针对当时资本主义国家的发展情况，从阶级和阶级矛盾的角度，阐释了在资本主义制度当中彻底的社会革命的本质内涵是什么，如何能够通过彻底的革命建立起工人阶级政权的国家，这个国家同资产阶级统治的国家有何区别，以及这个国家的治理方式同资本主义国家有何差异。马克思在作品中，反驳了巴枯宁顽固的无政府主义立场，强调了无产阶级建立社会主义国家的必要性和可行性。同时，马克思在论述过程中，还展现了重要的唯物史观方法论，即在诠释了国家本质的基础上，论证社会主义

西方无政府主义标志之一

1　《马克思恩格斯文集》第3卷，人民出版社2009年版，第406页。

国家建立的原因，以及未来的历史归宿，那就是随着阶级的消失而消失。马克思的国家理论阐释，克服了巴枯宁等人无政府主义对无产阶级运动的巨大危害，让工人阶级时刻牢记掌握政权、建立政权的必要性，避免机会主义、改良主义思潮的影响，为之后工人阶级夺取政权、建立国家的革命运动提供了重要指引。

马克思在《巴枯宁〈国家制度和无政府状态〉一书摘要》中运用的科学历史观不仅反映在阶级斗争和国家的建立与消失上，还体现在用经济基础与上层建筑的辩证关系分析阶级关系与国家存在的过程中。马克思既讨论了阶级与国家的存在和消亡机制，又探讨了科学社会主义之所以能够成为现实的内在因素，对克服无政府主义错误、强调建立工人阶级政权和社会主义国家的正确道路作了重要论证。同时，整篇文章包含了丰富的批判性和斗争性，与《哥达纲领批判》在理论上、立场上高度一致、高度顺承的革命性理论著作，起到了巨大的现实作用，也为凸显科学社会主义之于空想社会主义的本质性差异提供了重要基础。

3.《给奥·倍倍尔的信》

1875 年 3 月，恩格斯在给倍倍尔的信中同样表

达了对拉萨尔主义的反对，重申在工人运动中各种
范畴的正确释义。首先，恩格斯针对拉萨尔的工人
革命总体路线进行了根本性的批判。在当时，由于
政治立场和革命路线的根本性对立，拉萨尔和拉萨
尔派与马克思、恩格斯之间的关系处于十分紧张的
状态。因为前两者所坚持的"宗派主义"和"国家
帮助"立场，同工人阶级的革命路线完全背离，这
会给当时的工人阶级运动带来十分严重的危害。恩
格斯认为，拉萨尔派的"宗派主义"，将除工人阶
级之外的一切阶级统一划分为"反动的一帮"，完
全忽视了本国特殊的斗争条件和环境。同法国巴黎
公社运动不同，在德国，小资产阶级依旧是工人阶
级的同盟军，社会民主工党同人民党多年的合作斗
争就是一个现实的例证。[1] 其次，恩格斯认为，拉萨
尔的"国家帮助"，是一种真正意义上的资产阶级
思想。后者忽视了马恩提出的社会问题的真正道路，
将提出所谓国家帮助作为"替社会问题的解决开辟
道路"。恩格斯指出，拉萨尔的这种观点是资产阶
级共和主义者为排挤社会主义者才提出来的。最后，
拉萨尔之所以提出"国家帮助"，是因为他并没有
充分认识到工人阶级的革命斗争机制究竟是什么，
所以才犯了资产阶级的民主主义错误。他指出："根

1　《马克思恩格斯文集》第3卷，人民出版社2009年版，第411页。

罗伯特·欧文（1771—
1858），威尔士空想
社会主义者

本就没有谈到通过工会使工人阶级作为阶级组织起来。而这是非常重要的一点，因为工会是无产阶级的真正的阶级组织，无产阶级靠这种组织和资本进行日常的斗争，使自己受到训练，这种组织即使今天遇到最残酷的反动势力（像目前在巴黎那样）也决不会被摧毁。"[1]事实上，恩格斯的这种批判立场，与马克思指控拉萨尔关于工人革命组织形式错误理解的立场高度一致。后者并没有真正定位好工会的作用，以及无产阶级实现治理的真正形式，所以才会导致对工人阶级革命组织和机制的认知失准，犯了依靠资本主义的民主形式实现无产阶级社会革命的错误。拉萨尔由此而形成的一系列错误认识就得到了根本性解决，包括对社会主义自由的认知。"既然国家只是在斗争中、在革命中用来对敌人实行暴力镇压的一种暂时的设施，那么，说自由的人民国家，就纯粹是无稽之谈了：当无产阶级还需要国家的时候，它需要国家不是为了自由，而是为了镇压自己的敌人，一到有可能谈自由的时候，国家本身就不再存在了。"[2]因此，恩格斯认为，国家最终应当由"共同体""公社"一词予以代替。

1　《马克思恩格斯文集》第3卷，人民出版社2009年版，第413页。
2　《马克思恩格斯文集》第3卷，人民出版社2009年版，第414页。

　　恩格斯给倍倍尔的信，一方面毫不保留地批判了《德国工人党纲领》，另一方面也是对当时德国工人阶级内部两个主要流派分别进行了批判。对于爱森纳赫派，恩格斯指出了其放弃自身立场的错误政策，而对拉萨尔派则在理论上批判得最为激烈。爱森纳赫派的错误主要是来自立场的不坚定，但是，随着爱森纳赫派的妥协，拉萨尔派对整个德国无产阶级运动的影响更加深远。可以看到，恩格斯在这封信中所提到的基本观点，是同马克思高度统一的，包括在国家政治、经济和政党建设的诸多重要方面。对于二人来说，纠正《德国工人党纲领》的错误以及整个政党的发展方向，事关这个党的性质以及整个国际共产主义运动的形势。对于他们来说，批判这一纲领的必要性，同时显现在党内和党外两个方面。恩格斯认为，如果爱森纳赫派一致坚持他们的

欧文"新和谐公社"蓝图

[英]托马斯·罗伯特·马尔萨斯(1766—1834):《人口论》,北京大学出版社2008年版

[英]大卫·李嘉图(1772—1823):《政治经济学及赋税原理》,金城出版社2020年版

立场,那么就会造成新的德国工人党的分裂,届时也会面临一个重要的困境:爱森纳赫派的实力必然会受损,丧失政党的纯洁性,以致拉萨尔派的实力又会相对得到增强。到那个时候,爱森纳赫派反倒会被拉萨尔派污蔑为"反动的一帮",被人们当做是资产者了。在撰写《哥达纲领批判》的时候,马克思和恩格斯仍然十分重视国际工人阶级的联合斗争,因此,二人对拉萨尔派的判断,就不仅仅是基于德国境内了,而是基于国际工人运动的背景。因此,恩格斯才说:"虽然德国工人党首先是在它所处的国境之内进行活动(它没有权利代表欧洲无产阶级讲话,特别是讲错误的话),但是它意识到自己和各国工人的团结一致,并且始终准备着一如既往继续履行由这种团结一致所带来的义务。"[1]

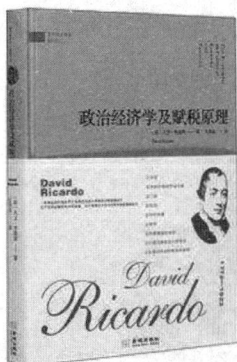

在当时,马克思和恩格斯对拉萨尔派的态度是十分坚决的,对其国家观、"国家帮助观"、"铁的工资规律"等政治、经济、社会和组织立场等,持有明确的拒斥态度。而对爱森纳赫派,马恩二人

1　《马克思恩格斯文集》第3卷,人民出版社2009年版,第412页。

认为，前者放弃了原先的立场，但是又缺乏与他们的及时联系。对于马克思和恩格斯来说，爱森纳赫派与拉萨尔派的合并和发展，给德国之后的工人运动带来了巨大的不确定性。所以恩格斯才会认为，这种合并连一年都支撑不了。因为拉萨尔派的立场是明确错误的，这之于爱森纳赫派来说并不是一个困难的理论问题。但是由于成立之后的政党在理论上、路线上都无法确保科学性，因此，他们认为两派的合并也会随着内部的分裂而分裂。

四、撰写《哥达纲领批判》前，马克思有怎样的革命经历？

作为全世界无产阶级的革命导师，马克思从青年时期就立志于为人类的解放事业进行艰苦卓绝的探索。出身于律师家庭的马克思，如果按照他父亲的意愿，或许会成为一名出色的律师，过上稳定优渥的生活。但是，接受普鲁士政府的法理制度，置民众苦难于不顾，显然不符合他的本意和志向。因此，马克思踏上了批判旧制度、旧理论，探寻人类社会发展真理的理论和实践的双重革命之路，成为既能够解释世界，又不断致力于改造世界的无产阶级革命导师。不论是被各国政府相继驱逐，还是贫穷疾病交加，甚至经历丧偶丧女之痛，这位坚强的斗士都没有被打倒，他为全人类解放事业提供科学的指引和强大的精神动力，直至战斗至最后一刻。

一、普鲁士时期的革命探索史：批判立场与批判精神的同时形成

在学生时代，马克思受到黑格尔和费尔巴哈立场的影响很深。当时他和恩格斯先后接触了黑格尔和费尔巴哈的观点，并结识了当时青年黑格尔派重要成员布·鲍威尔、弗·科本。在目睹普鲁士政权的反动本性之后，马克思毅然放弃在大学的职位，选择了斗争之路。1841年，23岁的马克思获得耶拿大学博士学位。之后，他开始宣扬革命民主主义观点。同年，普鲁士政府颁布了新的书报检查令以取代旧版。其中，普鲁士政府宣扬"保障言论"以掩饰其压制言论的本质，有很大的迷惑性。马克思随即撰写了《评普鲁士最近的书报检查令》一文，这也是马克思在《莱茵报》发表系列文章的开始。

青年马克思

有讽刺意味的是，这篇文章恰恰由于当时书报检查的限制未能在德国发表，直至第二年才得以在瑞士出版的《德国现代哲学和政论界轶文集》第1卷上发表。在这篇文章中，马克思从宗教、国家和政府及其制度、法律、道德等方面，深刻探讨了普鲁士统治的一系列弊端。他说："追究思想的法律不是国家为它的公民颁布的法律，而是一个党派用来对付另一个党派的法律。追究倾向的法律取消了

公民在法律面前的平等。这是制造分裂的法律，不是促进统一的法律，而一切制造分裂的法律都是反动的；这不是法律，而是特权。"[1] 同时，马克思还将法律、国家机构、道德和公民运动结合在一起，提出了鲜明的政治革命观。他指出："即使公民起来反对国家机构，反对政府，道德的国家还是认为他们具有国家的思想。可是，在某个机关自诩为国家理性和国家道德的举世无双的独占者的社会中，在同人民根本对立因而认为自己那一套反国家的思想就是普遍而标准的思想的政府中，当政集团的龌龊的良心却臆造了一套追究倾向的法律，报复的法律，来惩罚思想，其实它不过是政府官员的思想。追究思想的法律是以无思想和不道德而追求实利的国家观为基础的。"[2] 青年马克思对普鲁士政府的批判是全方面的，包括理论、体制、法制等角度。而从方法论来看，马克思也善于运用当时流行的辩证法思想，对普鲁士政府进行根本性的批判和否定。马克思提出，废除书报检查制度，是整治书报检查制度的根本方法，能让普鲁士作者们获得现实自由、

克莱门斯·梅特涅（1773—1859），普鲁士新书报检查令的推动者

1　《马克思恩格斯全集》第1卷，人民出版社1995年版，第121页。

2　《马克思恩格斯全集》第1卷，人民出版社1995年版，第121—122页。

观念自由，以及获得真正的意识。

除了发表《评普鲁士最近的书报检查令》，马克思还具体参与了关于新闻出版自由的议会辩论。在《莱茵报》上发表了《第六届莱茵省议会的辩论（第一篇论文）》（又名《关于新闻出版自由和公布省等级会议辩论情况的辩论》）。在这篇文章中，马克思延续之前的革命风格，对普鲁士继续开展批判。马克思在文中的分析凸显了浓厚的黑格尔哲学立场，当然，也体现着浓厚的西方传统政治学话语方式。不过，这篇文章更加偏向于运用哲学性话语。如果说《评普鲁士最近的书报检查令》通篇体现了对普鲁士的政治哲学批判，那么，这篇在《莱茵报》发表的第一篇论文，更加触及人的本质，即"自由"。马克思说："自由确实是人的本质，因此就连自由的反对者在反对自由的现实的同时也实现着自由；因此，他们想把曾被他们当作人类本性的装饰品而屏弃了的东西攫取过来，作为自己最珍贵的装饰品"，"没有一个人反对自由，如果有的话，最多也只是反对别人的自由。可见，各种自由向来就是存在的，不过有时表现为特殊的特权，有时表现为普遍的权利而已"。[1]围绕自由问题，马克思提及了非常全面

1　《马克思恩格斯全集》第1卷，人民出版社1995年版，第167页。

的概念体系，涉及对道德、个人利益、历史观等重
要问题的考察。

马克思在《莱茵报》的刊发情况简介

《第六届莱茵省议会的辩论（第一篇论文）》是马克思为《莱茵报》撰写的有关第六届莱茵省议会的几篇文章中的第一篇，不早于1842年3月26日开始撰写，不晚于4月26日写成。第六届莱茵省议会于1841年5月23日至7月25日在杜塞尔多夫举行。马克思原打算就这届莱茵省议会辩论的几个问题写四篇评论文章，即关于新闻出版自由问题，关于普鲁士国家和天主教之间的宗教纠纷问题，关于林木盗窃法问题以及关于莱茵省限制地产析分的法律草案问题。从现有材料来看，马克思共写出三篇关于省议会的文章，其中第一篇和第三篇刊登在《莱茵报》上，第二篇即关于科隆纠纷问题的文章因书报检查未能发表，其手稿至今下落不明；而第四篇文章马克思是否写了，写得怎样和手稿处理情况，目前均不得而知。

第六届莱茵省议会关于新闻出版自由和公布省议会辩论情况的辩论是由于一些城市发生了请愿运动而开展的。会后，在科布伦茨少量刊印了《第六届莱茵省议会会议记录》，供省议会议员个人使用。当年的《杜塞尔多夫日报》还全部刊登了有关新闻出版自由的辩论情况，其他报纸也作了报道。马克思在这篇文章中，利用这些材料进一步发挥了他在《评普鲁士最近的书报检查令》中阐述的思想，尖锐地指出，省议会和人民代议制之间毫无共同之处，莱茵省议会违背人民的利益，维护等级特权。

《第六届莱茵省议会的辩论（第一篇论文）》是马克思为《莱茵报》撰稿的开端。它分六次连续刊登在1842年5月5、8、10、12、15和19日《莱茵报》的第125、128、130、132、135和139号。文章发表以后，在各界引起极大反响。阿·卢格试图转载这篇文章的部分内容，遭到书报检查机关的禁止，于是他将有关章节编辑加工，附上一篇按语，以《〈莱茵报〉论新闻出版自由》为题发表在《德国现代哲学和政论界轶文集》上。1851年，这篇文章的大部分被收入海尔曼·贝克尔出版的《卡尔·马克思文集》。

　　之后，马克思在《莱茵报》上还陆续发表了系列重要作品，针对普鲁士政府的统治进行尖锐的批判。正是因为马克思的批判深深刺痛了普鲁士政府，后者宣布 1843 年 4 月 1 日正式查封《莱茵报》，并开展全面严格的检查。当时《莱茵报》的股东们在面对普鲁士政府的压力时企图在立场上退步，以换取报纸的继续出版，但是马克思坚决反对，于同年 3 月 17 日退出编辑部，同卢格一道筹划《德法年鉴》的出版工作并迁居法国。其间，马克思在《德法年鉴》发表了《〈黑格尔法哲学批判〉导言》《论犹太人问题》。列宁认为，这两部著作标志着马克思从唯心主义向唯物主义、从革命民主主义向共产主义转变的彻底完成。

阿尔诺德·卢格
（1802—1880）

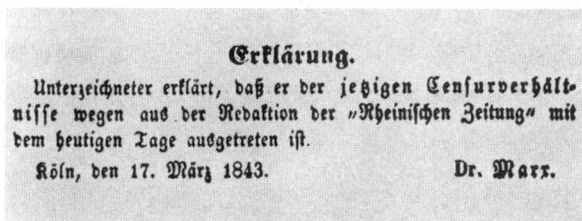

马克思退出《莱茵报》编辑部的声明

二、巴黎时期流亡革命史：哲学话语与经济学话语的发展与交融

　　19 世纪 40 年代，欧洲工人掀起一阵阵运动热潮，

巴黎田凫路38号。
1843年10月至1845
年1月，马克思曾经
住在这里

为马克思社会主义思想的形成提供了重要的现实条件。在巴黎期间，马克思并没有因为退出《莱茵报》而停止创作和革命，相反，他依旧保持革命者本色，开辟了《德法年鉴》这一理论新阵地。他先后同巴黎的法国民主主义者和社会主义者、德国秘密团体正义者等组织取得联系，经常性参加各类社会主义性质的集会。在与无产阶级和社会主义者的接触过程中，马克思对工人运动实践投入的关注度越来越高，逐渐成为之后工人阶级政党及国际性组织在思想理论和革命实践中的核心。

马克思在巴黎期间的理论思想发生了深刻的转变。他不断思考给予他重要启发的费尔巴哈哲学和黑格尔哲学，不断对二者的唯物主义世界观和辩证法方法论提出质疑。他认为，费尔巴哈"过多地强调自然而过少地强调政治"，而在其他德国哲学中，"除了醉心于自然的人以外，还有醉心于国家的人"。[1]当时的德国哲学对关于人、社会、国家、自然的讨论已经形成了较为深厚的理论基础，这是马克思在开辟辩证唯物主义、政治经济学批判和科学社会主义构想时所处的本国思想理论环境。在《论犹太人

1　《马克思恩格斯全集》第27卷，人民出版社1972年版，第443页。

问题》中，马克思批判了鲍威尔的抽象宗教观点。后者在《犹太人问题》和《现代犹太人和基督教徒获得自由的能力》两部作品中，以宗教为视角，解释犹太民族自身的境遇是源于他们的狭隘性。[1]当时，马克思正在深刻反思青年黑格尔派，早在撰写《德法年鉴》和《〈黑格尔法哲学批判〉导言》之前，他就已经在克罗茨纳赫撰写《黑格尔法哲学批判》。在为《德法年鉴》撰稿的过程中，他继续保留着一贯的政治和制度关怀，并且进一步对当时普鲁士的整体制度和民族问题进行更加深刻的研究。

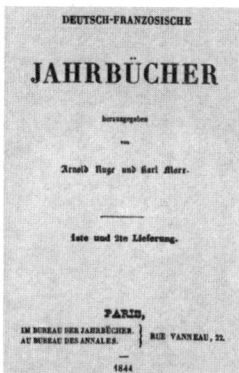

《德法年鉴》封面

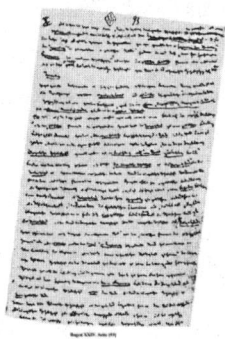

《黑格尔法哲学批判》手稿第 24 印张第 93 页

马克思认为，导致鲍威尔犯错的直接原因，是后者没有真正理解人的解放的思想内涵，或者说只是把人的解放放在非常狭隘的视野中进行理解。因为鲍威尔将人的解放和政治解放混淆起来了。由于准确归纳了鲍威尔理论的根本性错误，马克思得以对前者进行深刻而直接的批判。鲍威尔无法正确把握西方现代国家的本质，导致他的哲学方法论反而会因此受到拖累，无法

1　孙伯鍨：《探索者道路的探索：青年马克思恩格斯哲学思想研究》，南京大学出版社 2002 年版，第 131 页。

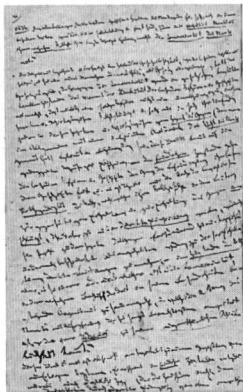

《黑格尔法哲学批判》手稿（局部）

寻求到科学解释和解决普鲁士社会问题的道路。正如他在《论犹太人问题》中所说："政治国家的建立和市民社会分解为独立的个体。"[1] 尽管无产阶级在过去一次次遇到革命挫折，但是，革命理论依旧是这个阶级的根本途径。所以列宁会说："镇压资产阶级及其反抗，仍然是必要的"，巴黎公社失败的原因就是"在这方面做得不够坚决"。[2] 在《〈黑格尔法哲学批判〉导言》中，马克思在国家理论和政治及法制批判的基础上，更加强调资本主义国家制度批判，也反映了马克思当时浓厚的宗教和政治关注。针对人类解放和政治解放的关系问题，马克思沿用了政治国家和市民社会视角，基于两者的内在联系，进一步提出政治异化的构想。他揭示了资本主义社会中政治国家和市民社会的脱节。实际上，这部著作虽然充斥着非常浓厚的政治学话语，但是也蕴含了一些马克思未来哲学理念的重要基石。他指出："对思辨的法哲学的批判既然是对德国迄今为止政治意识形态的坚决反抗，它就不会专注于自身，而会专注于课题，这种课题只有一个解决办法：实践"[3]，另外还进一步强化唯物主义观点，

1　《马克思恩格斯文集》第1卷，人民出版社2009年版，第45页。
2　[苏]列宁：《国家与革命》，人民出版社2015年版，第44页。
3　《马克思恩格斯文集》第1卷，人民出版社2009年版，第11页。

锻造出唯物主义的革命理论。他说："革命需要被动
因素，需要物质基础。"[1]可以看出，马克思的革命
观是同物质观紧密联系起来的。

1843年底至1844年1月，以《政治经济学批判
大纲》及其他几篇文章为标志，恩格斯也完成了从唯
心主义向唯物主义的哲学观点、从革命民主主义向共
产主义的革命观点的彻底转变。同时，马克思和卢格
创办的《德法年鉴》在巴黎出版，恩格斯的《政治经
济学批判大纲》也得以在这一报刊上发表，并且立刻
引起了马克思的注意。二人于8月底至9月初在巴黎
会见，正式建立了伟大的友谊，共同参加法国社会主
义者和共产主义者的集会。

当时由于卢格否认共产主义革命观，
马克思与其决裂，《德法年鉴》被迫停刊。
此后，马克思围绕政治经济学开展了系列
研究，将哲学话语、经济学话语和共产主
义话语融合在一起，从"异化"概念出发，
阐述了政治异化、劳动异化、异化劳动及
对象化劳动等概念，成为马克思哲学话语
向政治经济学话语转变的重要尝试，也是
将二者融合的重要尝试。他在其中对资本
的流动和私有财产予以清晰的揭露，在哲

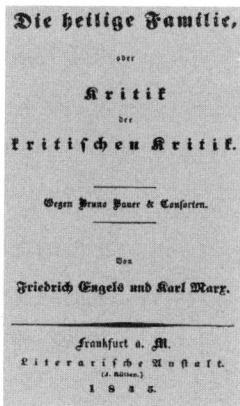

《神圣家族》1845年
德文版封面

1　《马克思恩格斯文集》第1卷，人民出版社2009年版，第12页。

学上也对黑格尔的辩证法及哲学体系进行了整体性批判。《1844年经济学哲学手稿》表明，马克思当时正在进行开创性的哲学经济学研究。1844年下半年，《神圣家族》（《对批判的批判所做的批判》）付印。

三、布鲁塞尔时期流亡革命史：革命时代的实践性理论再发展

1845年，法国政府迫于普鲁士政府的压力，将马克思驱逐出巴黎，后者只得迁往布鲁塞尔。2月，《神圣家族，或对批判的批判所做的批判。驳布鲁诺·鲍威尔及其伙伴》问世。同年7月开始，马克思与恩格斯共同开展革命实践和理论创作。马克思在恩格斯共同考察了英国的经济社会生活，对工人阶级运动状况有了更加深刻的把握。同年春天，马克思撰写了《关于费尔巴哈的提纲》这一"天才萌芽的第一个文件"。[1] 马克思的革命实践观与唯物主义得到更加深度的融合，形成了对革命实践的本真性认知："环境的改变和人的活动或自我改变的一致，只能被看做是并合理地理解为革命的实践。"[2] 其中，马克思论

1　《马克思恩格斯全集》第21卷，人民出版社1965年版，第412页。
2　《马克思恩格斯文集》第1卷，人民出版社2009年版，第500页。

证了革命实践就此成为未
来无产阶级奋斗理想的实
现路径。是年 11 月，马克
思和恩格斯开始合作撰写
《德意志意识形态》。其中，
马克思和恩格斯正式从发
展的角度分析社会形态变
化，强调改造社会的革命
性、根本性方法——生产力和生产关系的矛盾。他们

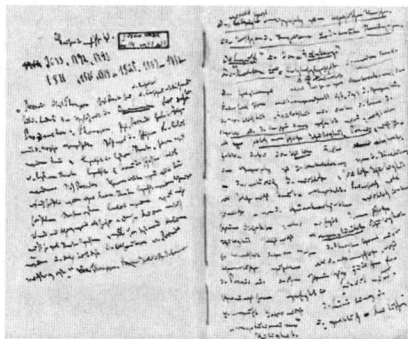

《关于费尔巴哈的提
纲》手稿（局部）

提出的这一观点，阐明了批判资本主义制度时应根据
的最根本规则，彻底打碎了任何企图掩盖资本主义罪
行的学说。他们认为，"一切历史
冲突都源于生产力和交往形式之
间的矛盾"，[1] "并且，在阶级社
会中，生产力和交往形式之间的矛
盾，每一次都不免要爆发为革命，
它表现为阶级之间的冲突，表现为
思想和政治的斗争等等。"[2] 马克
思和恩格斯在围绕人类社会发展
问题上取得了重大的理论创新，揭

《德意志意识形态》
手稿（局部）

1　《马克思恩格斯全集》第 3 卷，人民出版社 1960 年版，第
　　79 页。
2　孙伯鍨：《探索者道路的探索：青年马克思恩格斯哲学思想
　　研究》，南京大学出版社 2002 年版，第 299 页。

示了人类历史的进化规律，创造了唯物史观构建过程中的关键性文本，为工人阶级的革命实践提供了正确的方向引领。

1846年初，马克思和恩格斯创立了共产主义通讯委员会。设置这个委员会的初衷，就是要从思想和组织上团结社会主义者和工人，在伦敦、巴黎、德国成立委员会，不断构建国际性的工人阶级政党。在通讯委员会的会议上，马克思批判了"真正的社会主义"和平均共产主义。

1847年7月初，马克思《哲学的贫困。答蒲鲁东先生的〈贫困的哲学〉》一书出版。这是马克思专门针对蒲鲁东《贫困的哲学》而撰写的一部重要著作，前者深刻批判了后者的经济观点和哲学观点，并且形成了较为系统的从理论到实践的无产阶级斗争理论。马克思指出，蒲鲁东并不能真正分析资本主义的主要矛盾，仍然脱离资本主义运转的实质性过程，只是构建出一种"政治经济学的形而上学"。这导致的结果，就是他的理论并不是真正基于工人的生活生产处境而发出担忧，更不能够为工人阶级认清资本主义的实质提供现实引领。正如马克思所批判的："使蒲鲁东先生恼怒的真正原因是不是唯恐引起生活必需品的匮乏呢？不是。他对博尔顿的工头们恼怒纯粹是因为他们用供求关系来确定价值，毫不关心构成价值，即达到构成状态的价值，毫不关心价值的构成，其中包括不

曼彻斯特的古老图书馆切特姆图书馆及内景。马克思和恩格斯曾经在这里阅读。恩格斯曾经在信中和马克思说："最近几天我又坐在小楼凸窗处的方形斜面桌前勤奋地工作，这是我们二十四年前曾经坐过的地方；我很喜欢这个位置，因为那里有彩色玻璃，阳光始终充足。"[1]

断的交换可能性以及其他一切同天命并列的关系的比例性和比例性的关系。"[2] 蒲鲁东忽略资本主义商品

1　《马克思恩格斯全集》第 32 卷，人民出版社 1974 年版，第 497 页。

2　《马克思恩格斯文集》第 1 卷，人民出版社 2009 年版，第 651 页。

价值实质的立场，对工人阶级运动产生了重要影响，而马克思的革命观在批判蒲鲁东的过程中也更加凸显了出来。

布鲁塞尔德意志工人协会活动场所——"天鹅饭店"

　　1847 年 8 月，马克思在布鲁塞尔领导成立了共产主义者同盟的支部和区部组织，并且在布鲁塞尔组建德意志工人协会，宣传科学共产主义。同年 11 月，马克思在布鲁塞尔民主协会上当选为副主席。后马克思和恩格斯前往伦敦，参加共产主义者同盟第二次代表大会，经过热烈讨论，大会支持马克思和恩格斯的观点，并且由二人共同起草共产主义者同盟纲领。会后，他们又撰写了《共产主义宣言》。1848 年 1 月，马克思和恩格斯完成《共产党宣言》，2 月，这一著作在伦敦出版。

　　1848 年革命失败之后，包括德意志和奥地利在内的欧洲国家进一步加强反动统治，工人运动面临着更加严峻的斗争形势和严酷的镇压。1850 年，德意志联邦恢复，奥地利重新控制了德意志的事务，新首相曼陀菲尔公开与革命运动背道而驰。在法律制定方面，针对革命运动，联邦政府陆续出台一系列政策。比如，废除法兰克福国民议会之前通过的关于德意志人民基本权利的规定，成立"反动委员会"，恢复法兰克福国民议会之前已经废除的种种新闻限制，强化了对包括新闻出版、社团组织的控制。在地方上，梅克伦堡恢复了等级法规，汉诺威恢复了旧宪法和贵族统治，萨克森重新采用等级制选举法。在奥地利，帝国恢复了专制，君主的权力又一次得到加强，全面施行新专制主义。在普鲁士，包括县议会和省议会在内的旧的等级制重新启用，国家监控组织职能大大加强，治安管理更加严格。对此，马克思和恩格斯认为德国应当通过革命实现国家的统一。

奥匈帝国皇帝弗兰茨·约瑟夫一世（1830—1916），主导建立奥匈帝国

　　这些现实的困境非但没有阻碍马克思的创作，相反，更加激发了他的革命热情。随后，比利时和法国爆发革命，马克思和恩格斯参加并领导运动，马克思当选为共产主义者同盟中央委员会主席，并为工人运动捐款。在 1848 年 6 月 1 日，他创办了《新莱茵报》，作为德国无产阶级运动的理论阵地和宣传工具，发动共产主义者共同参加民主运动。但是仅仅过了 3 个月，科伦的警备司令部就命令《新莱茵报》停止出版。之后，马克思为这一报刊的复刊进行不懈斗争。在复刊后，马克思专门撰写《国家检察官"黑克尔"和〈新莱茵报〉》，揭露科伦检查机关对《新莱茵报》及编辑部的迫害。他在 12 月撰写的《革命运动》一文中，就以更加宽广的眼光，分析了未来工人阶级的革命目标。他说："欧洲的解放——不管是各被压迫民族争得独立，还是封建专制政体被推翻，都取决于法

19世纪莱茵省的政治
经济和文化中心——
科伦

国工人阶级的胜利的起义。但是法国的任何一种社会变革都必然要遭到英国资产阶级的破坏，遭到大不列颠在工业和贸易上的世界霸权的破坏。"[1]马克思号召法国工人阶级的革命起义应当像《共产主义者同盟》和《共产党宣言》中所述："全世界无产者，联合起来"，共同推动一场无产阶级的世界大战。

四、伦敦流亡革命史：深化构建基于人类发展一般规律的系统真理

1849年8月26日，马克思再次来到伦敦，正式定居了下来。虽然离开了欧洲大陆，但是，处于当时资本主义中心的马克思依旧引领着革命。1848年革命之后，资本主义世界非但没有受到重创，反而出现了一段时期的增长。霍布斯鲍姆这么描述1848年革命之后英国的发展："1850年之后发生的事情是如此的反常，根本找不到先例。例如，英国的出口从未比1850年后的七年间增长得更快。英国棉布——是

1　《马克思恩格斯全集》第6卷，人民出版社1961年版，第175页。

其半个多世纪以来向海外市场渗透的先锋——的实际增长率也超过之前的几十年。"[1] 不过，资本主义的发展并没有缓解工人阶级和资本家之间的矛盾，而且愈加激烈了。工人的生活质量降低，资本家对他们的剥削更加严重。

爱德华·汤普森（1924—1993），英国第一代新左派运动核心理论家

英国著名理论家爱德华·汤普森在著名作品《英国工人阶级的形成》中这样记录19世纪英国工人阶级的生存状况："营养专家现在告诫我们，土豆有充分的营养。当生活水平的提高足以使土豆成为辅助食品，使饮食实现多样化时，土豆无疑有很大的好处。但是，用土豆代替面包和燕麦粥却使人们感到是一个退步。爱尔兰移民以土豆为主食（埃比尼泽·埃利奥特把他们叫做'爱尔兰吃根的游牧民'）就是有力的证明。许多英国人都同意科贝特的说法，即穷人是一场要把他降低到爱尔兰人的生活水平上的阴谋的受害者。"[2]

在19世纪，英国也先后爆发了各类工人阶级运动。例如19世纪初期手工工人反抗工业化、反对使用机器的卢德运动，随后的争取政治权利的宪章运

1　[英]艾瑞克·霍布斯鲍姆：《资本的年代（1848—1875）》，张晓华等译，中信出版集团2017年版，第34—35页。

2　[英]E.P.汤普森：《英国工人阶级的形成》，钱乘旦等译，译林出版社2013年版，第362页。

卢德运动是一场英国工人自发捣毁机器的运动

英国宪章运动

动、反谷物法运动，等等。在长期的运动过程中，工
人阶级组织也得到了发展，工会成为主要的工人运动
形式，在19世纪60年代，英国工会代表大会正式诞
生。1868年，第一次工会代表大会在曼彻斯特召开，
之后每年都召开一次。大会采用论坛的形式，协调各
地区工会之间的立场。随着工人政治力量的日益壮大，

资产阶级政党也不得不正视工人力量，他们纷纷改革劳工立法，颁布《工会法》，规定工会能够合法收取会费；颁布《密谋与财产保护法》，规定工会罢工可采取和平纠察行为；颁布《雇主与工人法》，将劳资关系从"主仆关系"转变成"雇佣关系"；等等。资产阶级运用这些方法，在表面上赋予工人组织合法性，让工人获得了更多政治权益，但实际上是要分离工人阶级，将他们收编到体制内。[1]

8月开始，马克思着手重新构建英国工人阶级运动的整体策略。在组织建设层面，他与部分前伦敦中央委员会成员重新构建共产主义者同盟中央委员会，参加了一系列活动，并加入了共产主义者同盟地方支部领导的伦敦德意志工人教育协会，还加入了由该协会和德国政治流亡者共同组织的伦敦德国流亡者救济委员会，在各类场合不断阐释政治经济学和《共产党宣言》中的思想，与恩格斯一起致力于推动改组共产主义者同盟。

共产主义者同盟成立会议（油画）

1　参见钱乘旦主编《英国通史（第5卷）》，江苏人民出版社2016年版，第153—154页。

路易·菲利普是法国奥尔良王朝的唯一君主，1848 年二月革命中被迫退位

1850 年初，马克思开始分析法国 1848 年革命的整个经过，基于法国国内的阶级状况，科学系统阐释了无产阶级政权的内在特征和建设要求，特别是梳理了当时法国社会和工人阶级运动内部的复杂阶级存在情况。马克思着重指出，工人阶级作为斗争主力军的重要性，并将工人阶级在革命过程中的缺位作为法国革命失败的一个重要原因，即工人阶级的革命主体地位尚未能真正发挥出来。他指出："在法国，小资产者做着通常应该由工业资产者去做的事情；工人完成着通常应该由小资产者完成的任务；那么工人的任务又由谁去解决呢？没有人。"[1] 工人阶级的社会职能未能被明确归纳，导致其在革命运动中不能够充分发挥应有的政治作用。于是，马克思通过探讨革命主体问题，呼吁无产阶级真正掌握革命的领导权和话语权，确保革命运动是无产阶级的性质。他说："立宪共和国是农民的剥削者联合实行的专政；社会民主主义的红色共和国是农民的同盟者的专政"，革命是属于无产阶级的事业，革命这一历史的火车头应当由无产阶级来驾控。[2] 而当时法国的资产阶级和无产阶级政党在实际

---

1 《马克思恩格斯文集》第 2 卷，人民出版社 2009 年版，第 155 页。

2 《马克思恩格斯文集》第 2 卷，人民出版社 2009 年版，第 161 页。

克里木战争被广泛认为是人类历史上第一次现代战争

的革命实践中都无法承担革命任务，导致整个革命没有一个实现主导的阶级，革命性大打折扣。

马克思在 19 世纪 50 年代密切关注了美国、西班牙的国内革命，以及以克里木战争为代表的系列事件。以西班牙为例，19 世纪前期，西班牙爆发了多次革命，第一次是从 1808 年到 1814 年，第二次是从 1820 年到 1823 年，第三次是从 1834 年到 1843 年。而在 1854 年至 1856 年，西班牙第四次资产阶级革命爆发。关于西班牙国内革命，马克思撰写了一批分析作品，他把近 50 年来发生的一系列悲剧性而又可歌可泣的斗争作为西班牙现代革命的标志。

1. 从 1854 年春天起，西班牙国内经济状况恶化和反动势力横行霸道激起了人民的不满情绪；在议会因企图反对政府所颁发的关于提前 6 个月缴税的法令而被解散之后，群众的不满情绪就特别强烈了。军事政变的领导人奥当奈尔将军和杜耳塞将军抱着个人目的力图推翻圣路易斯的专政，他们企图利用群众的这种不满情绪而不得不答应在征税方面进行某些资产阶级的改革；他们还答应肃清奸好，召开议会，组织国民军和进行其他的改革。人民群众参加斗争引起了 1854—1856 年的资产阶级革命。在这次革命过程中，以埃斯帕特罗为首的进步派在 1854 重新取得了政权。但是，被广大人民群众的积极性吓破胆的资产阶级转到反革命方面，1856 年，极端反动集团又重新执政。[1]

2. 克里木战争又称克里米亚战争，于 1853 年 10 月爆发，1856 年 2 月结束。当时，奥斯曼帝国不断衰落，国家内部的各种矛盾越来越突出，无法抵御日益强大的英国、法国、沙皇俄国等国家。另外，沙皇俄国随着实力不断增强，国际政治话语权也迅速提升，对外扩张的意图也更加强烈。长期以来，沙皇俄国都觊觎奥斯曼帝国，重新夺回圣索菲亚也是其朝思暮想的目标，梦寐以求真正建立一个东正教帝国。与此同时，沙皇俄国咄咄逼人的政策令英国和法国十分不安，他们希望维护现有的地区利益，对沙皇俄国的堤防之心也与日俱增。他们竭力怂恿奥斯曼帝国拒绝沙皇俄国的一系列要求，于是后者于 1853 年 7 月派兵进驻摩尔达维亚和瓦拉几亚。1853 年 10 月，奥斯曼帝国对沙皇俄国宣战。英国和法国为了自身利益，也加入了对沙皇俄国的战争。奥斯曼帝国在战争中不断失利，对英国和法国在地中海地区的利益造成严重威胁。1854 年 3 月，两国宣布对沙皇俄国宣战。凭借先进的军事装备，英国和法国逐渐在战争中获得优势，再加上奥地利背信弃义，也向沙皇俄国发出最后通牒，导致后者愈加被动。除了克里米亚半岛，在高加索地区、波罗的海地区、白海地区等也发生了战争。1854 年，交战双方进行停战谈判，次年 2 月召开了巴黎和会，3 月签署了《巴黎合约》，以及《海上国际法原则宣言》。

1　《马克思恩格斯全集》第 10 卷，人民出版社 1962 年版，第 719 页。

在伦敦期间，马克思参加了大量的社会主义运动及无产阶级组织，与其中一些错误的流派和观点进行坚决的斗争，特别是全面批判了可能给社会主义运动带来巨大危害的拉萨尔主义、机会主义、折中主义、巴枯宁主义等。

1850年5月，马克思在伦敦认识了李卜克内西。之后，由于社会民主主义流亡者委员会的维利希主张共产主义者同盟在组织上靠近小资产阶级流亡者组织，而德意志工人教育学会大多数成员支持维利希，马克思和恩格斯因此退出了协会，进一步探索革命的实质性策略支撑。在1952年3月给约瑟夫·魏德迈的信中，马克思就说："在我以前很久，资产阶级的历史学家就已叙述过阶级斗争的历史发展，资产阶级的经济学家也已对各个阶级作过经济上的分析。我的新贡献就是证明了以下几点：（1）阶级的存在仅仅同生产发展的一定历史阶段相联系；（2）阶级斗争必然要导致无产阶级专政；（3）这个专政不过是达到消灭一切阶级和进入无阶级社会的过渡。"[1]定居伦敦后，马克思依旧注重同时在理论上和组织上尝试探索工人阶级与政权形式之间的关系。

约瑟夫·魏德迈（1818—1866），共产主义者同盟重要成员，马克思主义在美国的最早传播者

---

1 《马克思恩格斯全集》第28卷，人民出版社1973年版，第509页。

　　1860 年 12 月，马克思的作品《福格特先生》出版。出版这部作品的直接目的，是要揭露和反击庸俗民主主义者、波拿巴主义代言人卡尔·福格特对马克思和无产阶级革命家的诽谤。马克思批判了路易·波拿巴的流氓社会主义本质，认为后者"作为一个魔术家不得不以日新月异的意外花样吸引观众把他看做拿破仑的替身"，其所采用的手段，就是通过采用频繁的政变紊乱社会经济秩序，侵犯 1848 年革命中的"不可侵犯的东西"，[1]造成工人阶级内部观点产生分歧，意图将整个社会处于无政府状态之中，否定国家机器。在伦敦德意志工人教育学会及其他工人阶级组织中，马克思始终坚持批判改良主义、庸俗社会主义、小资产阶级民主主义、马尔萨斯人口论、机会主义、蒲鲁东主义（小资产阶级空想主义）、宗派主义等各类社会主义和资本主义错误立场，维护工人阶级运动的正确方向。同时，对参加革命运动和流亡中的革命战士给予热情的关心和帮助，对各国的革命运动给予声援和支持。马克思始终注意通过工人阶级运动来达到社会主义目标。在国际工人协会总委员会的报告中，在围绕巴黎公社运动进行讨论时，马克思说："任何

卡尔·福格特（1817—1895），小资产阶级民主主义者，庸俗唯物主义者，曾经是路易·波拿马的密探

1　《马克思恩格斯全集》第 14 卷，人民出版社 1964 年版，第 414—415 页。

共和主义运动要是不变成社会运动，决不能成为一只真正的力量。目前运动的首领当然没有这种意图。"[1]马克思始终对革命运动实践予以高度关注，并且围绕各国运动开展了大量的讨论。

> 19世纪中期之后，帝国主义对全球殖民地开展了新一轮掠夺，但由于分赃不均，彼此之间矛盾加剧。殖民侵略激起了包括中国在内的受侵略国家人民不断掀起革命斗争，身处伦敦的马克思对这些发生在遥远国度的人民抗争给予了高度关注。例如，在围绕当时中国爆发的太平天国运动时，马克思就说："中国的连绵不断的起义已经延续了约十年之久，现在汇合成了一场惊心动魄的革命；不管引起这些起义的社会原因是什么，也不管这些原因是通过宗教的、王朝的还是民族的形式表现出来，推动了这次大爆发的毫无疑问是英国的大炮，英国用大炮强迫中国输入名叫鸦片的麻醉剂。满族王朝的声威一遇到英国的枪炮就扫地以尽，天朝帝国万世长存的迷信破了产，野蛮的、闭关自守的、与文明世界隔绝的状态被打破，开始同外界发生联系，这种联系从那时起就在加利福尼亚和澳大利亚黄金的吸引之下迅速地发展起来。同时，这个帝国的银币——它的血液——也开始流向英属东印度。"[2]

在组织了布鲁塞尔国际代表大会之后，由于伦敦德意志工人教育协会始终对拉萨尔派持妥协态度，马克思为了同后者划清界限，于1868年退出该协会。

1　《马克思恩格斯全集》第17卷，人民出版社1963年版，第670页。
2　《马克思恩格斯文集》第2卷，人民出版社2009年版，第607—608页。

马克思在大英博物馆阅读室中常坐的位置

同年，马克思再次入选总委员会，并当选为德国通讯书记。他撰文揭穿一些报纸对国际工人协会的诽谤，积极推动与英国工人组织的联合，拒绝以巴枯宁创立的社会主义民主同盟为代表的一些错误流派或者组织加入协会，确保革命斗争组织和路线的纯洁性和正确性。对于工人组织的邀请和求助，马克思积极给予支持和帮助，参加工联活动和工人的抗议集会，建议德国工人协会联合会纽伦堡代表大会加入国际工人协会，帮助工人组织制定斗争路线和方针，声援爱尔兰民族解放运动，以及批判李

19世纪爱尔兰乡村图景

卜克内西及其他领导人的错误路线和巴枯宁的分裂活动，等等。

在《哥达纲领批判》完成之后的岁月中，马克思一直关注和支持法国、德国、意大利、西班牙、丹麦、葡萄牙、瑞士、俄国、美国等世界各地的工人运动并开展研究，直至去世。

伦敦工人教育协会会址

五、《哥达纲领批判》具体包含哪些批判路径？

　　《哥达纲领批判》对指导国际社会主义运动发挥了重要作用。它之所以能够产生这么大的作用，在国际共产主义运动史中有这么大的影响，是由几个方面的因素共同决定的：首先，这是马克思为数不多的专门针对社会主义工人运动展开的批判性作品，是国际共产主义运动的又一纲领性文件；其次，这是马克思将工人阶级政治运动理论和政治经济学批判相结合的典范之作，在理论上和实践上，都为工人阶级运动提供了重要参考；最后，在该批判中，马克思展现了多条批判的路径，丰富了马克思主义政治经济学批判的内涵。《哥达纲领批判》的创作和出版，虽然在当时受到了德国部分党派的抵触，但是，就整个无产阶级运动来说，毫无疑问是具有重大而积极的作用的，时至今日，仍然能够成为各无产阶级政党在领导本国开展革命斗争过程中重要的纲领性文件。归纳好马克思《哥达纲领批判》中

的逻辑方法，对工人阶级及其政党践行马克思的科
学社会主义具有重大意义。

（一）劳动价值范畴：《纲领》与《批判》的共同逻辑起点

在《哥达纲领批判》中，马克思首先针对的是
关于劳动和劳动价值的相关论述。马克思指出，《哥
达纲领》提出的"劳动是一切财富和一切文化的源
泉"是不正确的。他早在《资本论》第一卷中就指
出："劳动首先是人和自然之间的过程，是人以自身
的活动来中介、调整和控制人和自然之间的物质变换
的过程"，"在劳动过程中，人的活动借助劳动资料
使劳动对象发生预定的变化。过程消失在产品中。它
的产品是使用价值，是经过形式变化而适合人的需要
的自然物质"，"使用价值是交换价值的物质基质，
是交换价值的承担者"。[1]劳动本身是伴随着消费物
质要素而制造使用价值的目的性活动，这一点在《哥
达纲领批判》中得到了重申。马克思在其中首先强调
了劳动与价值关系的重要性问题。他指出，只有明确
自然界在劳动及价值增殖中的地位，才能够正确解

1　[德]马克思：《资本论》第1卷，人民出版社2004年版，
　　第207—208、211、217页。

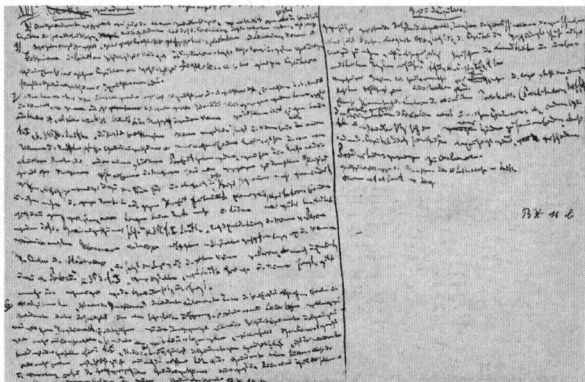

马克思《1844年经济学哲学手稿》原稿

释劳动之于使用价值的正确关系，将劳动和价值增殖紧紧同物质绑定在一起，否则就会产生出马克思称之为"超自然的创造力"的因素。如果再往前追溯，我们可以发现，马克思在《1844年经济学哲学手稿》中，就已经阐释了劳动与物质之间的决定关系。

　　尽管马克思在这部作品中依旧以人本主义为主要基调，但是，马克思已经明确地采用了物质和对象化视角来阐释劳动，并且以物质为逻辑载体，呈现出劳动生产过程背后的社会关系。他指出："劳动所生产的对象，即劳动的产品，作为一种异己的存在物，作为不依赖于生产者的力量，同劳动相对立。劳动的产品是固定在某个对象中的、物化的劳动，这就是劳动的对象化。劳动的现实化就是劳动的对象化"，当劳动的对象化有了明确所指之后，马克思就直接指出："劳动的现实化竟如此表现为非现实化，以致工人非现实化到饿死的地步。"[1] 尽管当时马克思仍然没有完全摆脱人本主义思维，依旧强调劳动的异化作用，以及劳动产品对人的统治关系，但是，从《1844年经济学哲学手稿》到《资本论》第一卷再到《哥达纲领批判》，他始终坚持劳动的物质性视角，也成为他指认资本主义制度下劳动同使用价值和价值联系，进而指认资本主义剥削关系的重要依据。

再者，马克思就劳动与社会的关系问题也进行了专门的讨论。他在《哥达纲领批判》中指出，《哥达纲领》呈现的关于劳动的属性是异常模糊的，对体现无产阶级和资产阶级之间被剥削和剥削关系没有任何实质性的意义，只是拉萨尔主义分子为了堆砌拉萨尔主义故意制造出的理论话语，充满了搪塞与逻辑疏漏。比如马克思指出，《哥达纲领》将劳动区分为"有益的"和"无益的"，但是又指出，"而因为有益的劳动只有在社会中和通过社会才是可能的，所以劳动所得应当不折不扣和按照平等的权利属于社会一切成员"[2]。这句话既没有讲清楚有益劳动和无益劳动之于分配究竟为何种关系，也没有讲清楚所谓有益劳动和无益劳动之间的区别究竟是否同它们的社会属性有本质性关

---

1 [德]马克思：《1844年经济学哲学手稿》，人民出版社2014年版，第47页。
2 《马克思恩格斯文集》第3卷，人民出版社2009年版，第428页。

联，同时，这一命题也逃避了正确定义劳动者收入本质的责任，从而进一步诱发《哥达纲领》中一个极易造成的误解，那就是劳动者的所得只是"维持社会的那一部分"，而不是"维持劳动'条件'的那一部分"。这种偷换工人收入概念的理解方式，是《哥达纲领》改良主义的一个重要体现。其直接危害就是令无产阶级的革命性大大折减。马克思提出："一个除自己的劳动力以外没有任何其他财产的人，在任何社会的和文化的状态中，都不得不为另一些已经成了劳动的物质条件的所有者的人做奴隶"，他继而直接指出，应当以"因为劳动是一切财富的源泉，所以社会中的任何人不占有劳动产品就不能占有财富"作为正确的结论。[1]

《共产党宣言》中也提出，"由于推广机器和分工，无产者的劳动已经失去了任何独立的性质，因而对工人也失去了任何吸引力。工人变成了机器的单纯的附属品，要求他做的只是极其简单、极其单调和极容易学会的操作。因此，花在工人身上的费用，几乎只限于维持工人生活和延续工人后代所必需的

昆图斯·费边·马克西姆斯·维尔鲁科苏斯（约前280—前203），在第二次布匿战争中采用拖延战术对抗汉尼拔，挽救了罗马

1　《马克思恩格斯文集》第3卷，人民出版社2009年版，第428—429页。

生活资料。"[1] 可以看出，不论是在哲学范畴
中，还是在科学社会主义和政治经济学范畴
中，关于劳动的讨论不仅仅涉及生产层面，
更涉及马克思主义理论的革命性层面。这种
讨论，既出现在马克思主义的经济学文本中，
也出现在革命纲领中。这也揭示了，为什么

乔治·伯纳德·萧
（1856—1950），费
边社会主义代表人物

关于劳动的定义会出现在《哥达纲领》中，而马克思
又会如此严肃地批判这部纲领。因为对劳动的分析涉
及无产阶级革命性和革命依据，而《哥达纲领》在其
中犯下的一个重大错误，就是资本主义的劳动剥削制
度被其混乱而又不严谨的"有益劳动"理论掩盖了。

　　马克思指出："劳动的价值必定总是小于劳动
的价值产品，因为资本家总是使劳动
力执行职能的时间超过再生产劳动力
本身的价值所需要的时间"，"工资
的形式消灭了工作日分为必要劳动和
剩余劳动、分为有酬劳动和无酬劳动
的一切痕迹"。[2] 与拉萨尔们相比，
马克思的剩余价值理论毫无疑问要深
刻得多，并且完全挣脱了资本主义经
济话语的牢笼。在一定时期内，这对

19世纪50年代，西
方公司中的一张女
工时刻表，其中规
定平均每日的工作
时间为11小时

1　[德]马克思、恩格斯：《共产党宣言》，人民出版社2014年版，
　　第34页。
2　《资本论》第1卷，人民出版社2004年版，第618—619页。

欧洲国家工厂中曾经的童工

整个德国社会主义工人运动产生了积极的作用，但是，在两派合并之后，错误的思潮又出现回流："庸俗的社会主义仿效资产阶级经济学家（一部分民主派又仿效庸俗社会主义）把分配看成并解释成一种不依赖于生产方式的东西，从而把社会主义描写为主要是围绕着分配兜圈子。既然真实的关系早已弄清楚了，为什么又要开倒车呢？"[1] 马克思关于这部分的解释相较于其他部分来说要更加详细，因为这一部分涉及整个社会主义工人党对资本主义的经济学认知前提，而作为党纲，更要对之予以纠正，否则会造成党在未来方向性的错误。

（二）无产阶级的平等观范畴：基于劳动价值理论基础之上的政治关怀

事实上，尽管《哥达纲领批判》是一部批注集，但是，马克思在这里却形成了一条完整的工人阶级

1　《马克思恩格斯文集》第3卷，人民出版社2009年版，第436页。

斗争理论逻辑。在批判了《哥达纲领》的错误劳动
理论之后，马克思继而开始扭转前者带来的错误的
平等观，为无产阶级争取真正的平等权利提供了又
一次重要的理论指引。他在分析完劳动形式之后，
转而开始围绕拉萨尔的"劳动所得"进行批判。他认
为，拉萨尔所提到的这个概念并没有分清楚它究竟
是劳动的产品还是劳动产生的价值抑或产品的总价
值。这往往会导致发生误解。因为劳动产品和劳动
产品的价值含义是有巨大差别的。马克思在《资本
论》中阐释价值增值过程时指出："劳动力的价值
和劳动力在劳动过程中的价值增殖，是两个不同的
量"，"劳动必须以有用的形式耗费，才能形成价值。
但是，具有决定意义的，是这个商品独特的使用价
值，即它是价值的源泉，并且是大于它自身的价值
的源泉"。[1] 马克思之所以要在这里重点提及劳动成
果和劳动价值的区分，是因为这事关公平分配，是
从社会的现实角度推翻资产者所扬言的"公平社会"
幻想的武器。囿于批注的形式，马克思在这里并没
有完全拓展开来，他完全可以进一步抨击拉萨尔派
对剩余价值理论运用的忽视，只能运用一系列模棱
两可的语句蒙混。他在这里从两个方面进行了分析，
一个是从生产资料或劳动资料的公有制方面，另一

1　《资本论》第 1 卷，人民出版社 2004 年版，第 225—226 页。

个是从劳动成员的范围方面。他指出："在一个集体的、以生产资料公有制为基础的社会中，生产者不交换自己的产品；用在产品上的劳动，在这里也不表现为这些产品的价值，不表现为这些产品所具有的某种物的属性，因为这时，同资本主义社会相反，个人的劳动不再经过迂回曲折的道路，而是直接作为总劳动的组成部分存在着。"[1] 分析生产资料所有制，是分析劳动生产和价值分配的前提，因为只有在生产资料私有制的前提下，考察价值增值和分配才是有意义和有必要的，继而才应当进一步考察劳动价值的分配方式，以及分配的公平问题。

19世纪在欧洲劳动的非洲劳工

那么，究竟应当如何理解"劳动所得"的概念呢？马克思指出，如果把这个词理解为"劳动的产品"，那么，应当分配的就是社会和集体的"社会总产品"。不过，马克思在这里替拉萨尔想到了后者忽视的一些部分。马克思指出，要对社会总产品进行分配，前提是要扣除其中的两大类产品。第一大类，是以直接维持正常生产作为核心环节的支付

---

1 《马克思恩格斯文集》第3卷，人民出版社2009年版，第433—434页。

部分，包括补偿生产资料的消耗、扩大再生产追加部分和应付不幸事故、自然灾害等的后备基金和保险基金；第二大类，是以间接维持正常生产的支付部分，包括一般管理费用、社会公共需求满足和劳动力基本保障等。尽管这些扣除的产品不属于生产者直接获得的部分，但确实是维持社会进程运转的不可缺少的支出，也是维持劳动者正常生产的保证。于是，在共产主义社会（在这里主要是指共产主义初级阶段），"每一个生产者，在作了各项扣除以后，从社会领回的，正好是他给予社会的，就是他个人的劳动量"，从具体的实现方式来看，就是从社会获取一张能够证明他劳动量的"凭证"，以获得等量劳动量的消费资料。这种形式仍然含有资本主义的部分，马克思也对此有充分的准备，那就是刚从资本主义社会中产生的共产主义形式，不可避免会带有原先的某些生产制度的痕迹。到共产主义社会，即生产力水平极大提升，"集体财富的一切源泉都充分涌流"，脑力劳动和体力劳动的对立已经不再存在的时候，真正解决分配平等问题的时刻也就来临了。

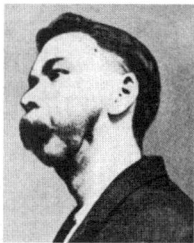

19世纪在西方一家火柴厂工作的劳工，因长期接触磷而脸部溃烂

但是，《哥达纲领》和工人革命学说仍然要经受一系列资本主义生产方式的考验，平等问题依旧要成为工人阶级及其政党需要面对的问题。一方面，正如马克思始终致力于揭示资本主义制度之下生产

和劳动价值理论的真正剥削本质；另一方面，就是
要同工人阶级政党内部的错误经济分析进行斗争。
如果说"社会总产品"只是拉萨尔等人提出的一些
模糊不清的范畴，那么，对于"铁的工资规律"的
指控，那就是真正意义上的批判了。在马克思看来，
《哥达纲领》要废止"铁的工资规律"，完全是一
种自欺欺人的方式。后者关于劳动价值和平等的系
列构想，统统建立在了错误的认知基础之上，因此，
拉萨尔们所声称的废除"铁的工资规律"是不能成
立的，是无助于工人阶级斗争的自我蒙蔽式认知。
拉萨尔将"铁的工资规律"形容为："平均工资始
终停留在一国人民为维持生存和繁殖后代按照习惯
所要求的必要的生活水平上"。这一归纳最根本的
弊病在于，这是对资本主义框架之下的工资水平的
一种描述尝试，其实质正如马克思所指出的，是对
马尔萨斯人口论的忠心继承，而非从生产劳动出发
揭示资本主义工资理论的实质，这根本无助于揭露
资本主义工资的实质和剥削实质，更无助于塑造德
国工人阶级的革命理论。

　　因此，马克思直接指出，在资本主义的框架之下，
不论设计如何巧妙的政治经济制度以维持社会的平
等都是徒劳无功的。换句话说，资本主义制度之下
的分配平等仅仅是一种形式上的平等。虽然满足了
对劳动时间和劳动量的权衡，但是，无法触及个体、

家庭等一干因素。这是任何一种处于资本主义制度之下的理论都无法解决的。"在提供的劳动相同，从而由社会消费基金中分得的份额相同的条件下，某一个人事实上所得到的比另一个人多些，也就比另一个人富些，如此等等，要避免所有这些弊病，权利就不应当是平等的，而应当是不平等的。但是这些弊病，在经过长久阵痛刚刚从资本主义社会产生出来的共产主义社会第一阶段，是不可避免的。"[1]讨论平等问题，如果屈就于资本主义制度之下也是没有可能的。只有在共产主义框架之下，才能从生产资料所有制到生产到分配方式的各个环节充分实现平等。

（三）工人斗争的国家范畴：与资本主义国家的性质差异与未来形态

马克思的国家观范畴受到深厚的德国古典哲学社会学影响，这种影响从青年时期一直持续到完成《哥达纲领》批判之后，并且在不同时期都呈现出了不同的侧重点和视角，成为马克思关于政治学批判的重要主题之一。在《黑格尔法哲学批判》《论犹太人问题》等著作中，马克思关于国家理论的探讨，

1　《马克思恩格斯文集》第3卷，人民出版社2009年版，第435页。

在《德法年鉴》刊载的《〈黑格尔法哲学批判〉导言》和《论犹太人问题》

始终伴随着阶级斗争的问题。也可以说，马克思关于包括国家观在内的政治学探讨，都是以阶级斗争作为基本视域的。从本质上看，马克思的国家观，就是运用历史唯物主义方法形成的政治辨别。

马克思和恩格斯在《共产党宣言》中指出："工人没有祖国。决不能剥夺他们所没有的东西。因为无产阶级首先必须取得政治统治，上升为民族的阶级，把自身组织成为民族，所以它本身还是民族的，虽然完全不是资产阶级所理解的那种意思。"[1]但马克思紧接着又说："工人革命的第一步就是使无产阶级上升为统治阶级，争得民主"，"无产阶级将

1　[德] 马克思、恩格斯：《共产党宣言》，人民出版社2018年版，第47页。

利用自己的政治统治，一步一步地夺取资产阶级的
全部资本，把一切生产工具集中在国家即组织成为
统治阶级的无产阶级手里，并且尽可能快地增加生
产力的总量"。[1] 在这里，马克思实际上阐释了多层
含义：

一是工人要彻底打碎资产阶级国家的形式，建
立起由无产阶级执政的国家。在《哥达纲领批判》
中，马克思围绕人民与国家之间的关系有一段非常
精彩的描述。他说，理解共产主义的国家制度形式
时，要明确"在资本主义社会和共产主义社会之间，
有一个从前者变为后者的革命转变时期。同这个时
期相适应的也有一个政治上的过渡时期，这个时期
的国家只能是无产阶级的革命专政"，如果不能科
学认识到这一点，那
么，"即使你把'人
民'和'国家'这两
个词联接一千次，也
丝毫不会对这个问题
的解决有所帮助。"[2]
可见，马克思主义对

苏联卫国战争场景

---

1 [德] 马克思、恩格斯：《共产党宣言》，人民出版社 2018 年版，
    第 49 页。
2 [德] 马克思：《哥达纲领批判》，人民出版社 2018 年版，
    第 27 页。

国家政治过程的基本立场，是要承认国家的作用，并且国家的执政者应是无产阶级。国家作为阶级统治工具的本质并没有改变，只是统治的阶级是无产阶级，而统治的对象则是与无产阶级相对立的一切反动阶级。统治阶级的存在，并不能够以统治阶级的数量来决定是否存在，也不是以被统治阶级的数量来决定是否存在，而是应当以被统治阶级是否存在作为依据。正因如此，马克思主义国家观始终支持无产阶级及其政府存在的必要性，并非之后一些社会主义无政府主义所认为的应当去除政府的存在。

二是工人阶级要打碎资产阶级国家，并不意味着要打碎一切地域性的权力，而是要建立一个符合无产阶级利益的权力体系。马克思所认为的工人阶级作为民族的统治阶级，目的是要杜绝资产阶级国家概念给人们的错觉，并非要用民族概念取代国家。对于当时正处于资产阶级国家统治之下的人们来说，只有打破和消灭资产阶级国家，才能够重新看到工人阶级国家概念的真正内涵。因此，资产阶级性质的国家并不属于工人，工人也不屑于拥有这样一种性质的国家。工人阶级的国家和民族观同资产阶级的是有本质差异的。工人阶级统治国家，就是要掌握国家的权力。他们并不排斥权力，相反，权力却是他们手中的武器，用来与反动阶级进行英勇的抗争。因此，工人阶级统治的国家，相较于资产阶级统治的国家来说，具有真正的人民性和民族性。工人阶级打破资产阶级性质的国家机器，建立一个工人阶级性质的国家及其政权，也生动反映了其本身具有的彻底的革命性。

> 马克思在《共产党宣言》中对未来国家的构想：
> 1. 剥夺地产，把地租用于国家支出。
> 2. 征收高额累进税。
> 3. 废除继承权。
> 4. 没收一切流亡分子和叛乱分子的财产。
> 5. 通过拥有国家资本和独享垄断权的国家银行，把信贷集中在国家手里。
> 6. 把全部运输业集中在国家手里。
> 7. 按照共同的计划增加国家工厂和生产工具，开垦荒地和改良土壤。
> 8. 实行普遍劳动义务制，成立产业军，特别是在农业方面。
> 9. 把农业和工业结合起来，促使城乡对立逐步消失。
> 10. 对所有儿童实行公共的和免费的教育。取消现在这种形式的儿童的工厂劳动。把教育同物质生产结合起来，等等。[1]

三是工人阶级的国家，本质上是要"增加生产力的总量"。马克思关于人类社会发展基本规律的描述，是科学论证资本主义必然灭亡、社会主义必然胜利，资产阶级统治必然崩溃、无产阶级革命必然胜利的根本依据。生产力决定生产关系、经济基

---

[1] [德]马克思、恩格斯：《共产党宣言》，人民出版社2014年版，第50页。

础决定上层建筑，是无产阶级及其政党在革命和建设阶段始终坚守的基本立场。社会主义国家的根本任务，就是要解放生产力和发展生产力，这是从马克思主义形成以来就颠扑不破的真理。国际社会主义运动发展史无不昭示，只有牢牢抓住解放和发展生产力这个中心工作，社会主义事业才能够获得源源不绝的发展动力。但是，如果在建设过程中放弃解放生产力和以经济建设为中心，社会主义事业必然要遭受挫折甚至是失败。

马克思批判拉萨尔派的国家观，是以批判"国家帮助"为主要路径的。在《哥达纲领》中，占主要部分的是关于建立国家和构建国家形式的论述。具体包括：首先，规定了工人党的革命目标是要建立自由国家以及社会主义；其次，规定了国家的民主总体原则，以及在建立和发展产业中发挥的具体作用；最后，规定了民主的具体形式和党内原则等。在批判的一开始，马克思立刻对"自由国家"一词展开批判。一方面，马克思指出，国家本身就是一种基于现实的概念，而不应当以一种抽象的、非现实化的形式存在。所谓"自由国家"，是将国家虚化为某种政治概念。"自由就在于把国家由一个高踞社会之上的机关变成完全服从这个社会的机关；而且就在今天，各种国家形式比较自由或比较不自由，也取决于这些国家形式把'国家的自由'限制到什么程度。"[1]自由并不能成为描述国家政治状态的概念，而只能成为附属于国家概念之下的政治范畴。国家作为阶级统治的工具，本身是无法扮演一个让公民成为完全自由人的角色的；与之相反，是要等到国家自身随着阶级和阶级统治的消失而消失后，才能实现真正的自由。如果要把自由作为考察和鉴别国家政治水平的标准，毫无疑问就违背了马克思当时的初衷。或者说，这种自由也只能是资本主义的自由。对于共产主义而言，将国家与自由放在一起讨论完全是一个伪问题。马克思和恩格斯在《共产党宣言》中强调："代替那存在着阶级和阶级对立的资产阶级旧社会的，将是这样一个联合体，在那里，每个人的自由发展是一切人的自由发展的条件。"[2]1884年，恩格斯在《家庭、私有制和国家的起源》中同样重申："以生产者自由平等的联合体为基础的、按新方式来组织生产的社会，将把全部国家机器放到它应该去的地方，即放到古物陈列馆去，同纺车和青铜斧陈列在一起。"[3]拉萨尔派使用"自由国家"概念，意味着他们既没有理解"自由"的含义，也没有理解"国家"的含义，更没有

1　《马克思恩格斯文集》第3卷，人民出版社2009年版，第444页。
2　[德]马克思、恩格斯：《共产党宣言》，人民出版社2014年版，第51页。
3　《马克思恩格斯全集》第21卷，人民出版社1965年版，第198页。

理解德国社会主义运动的目标和愿景究竟是什么。我们也可就此确认，马克思指控拉萨尔派的资本主义和改良主义路线就此又多了一个重要佐证。另一方面，《哥达纲领》中提出要建立"现代国家"和"现代社会"，亦是极为不当的。因为"现代"一词是伴随着资本主义制度的建立而出现的，"现代国家"和"现代社会"本身就是资本主义话语。马克思认为，"现代国家"本身是一个并不具备确定内涵的词，这个词在不同国家往往有不同的含义；而"现代社会"则具体是指资本主义社会，是"存在于一切文明国度中的资本主义社会，它或多或少地摆脱了中世纪的杂质，或多或少地由于每个国度的特殊的历史发展而改变了形态，或多或少地有了发展"[1]。如果说，"现代国家"的含义是不清晰的，那么，"现代社会"的程度也是不清晰的。而作为社会主义革命的目标，显然更无从谈起。

　　马克思将拉萨尔主义及其《哥达纲领》视为一种"为警察所容许而为逻辑所不容许的范围内的民主主义"，认为其甚至不如庸俗民主派高明。他的这种抨击是有理由的。因为从形式上看，《哥达纲领》并没有采用彻底革命性的表达，其中反复强调资产阶级性质国家就是一个明显的证明。资本主义国家

1　《马克思恩格斯文集》第3卷，人民出版社2009年版，第444页。

在拉萨尔派那里，成为革命的目标和手段，而不是一种应当受到声讨和讨伐的对象。在1871年撰写的《法兰西内战》中，马克思就提出："工人必须打碎的不是旧社会政府权力的一个不太完备的形式，而是具有最后的、最完备的形式的政府权力本身，就是帝国。公社是帝国的直接对立物。"[1]当前的资本主义国家制度，是资产阶级剥削无产阶级的"最高级的形态"，也正是因为此，所以对于无产阶级来说，又是"最低劣"的形态。马克思和恩格斯对于资产阶级国家始终怀有极强的敌对态度，只有公社和自由的联合体，才是人获得解放的真正存在环境。拉萨尔们将国家资本主义话语之下的国家赋予一种革命性的功用，即通过"国家帮助"，建立起生产合作社和工农业，成为一种"政府机器"，这显然背离了工人运动的政治初衷。《哥达纲领》并没有就在工人运动中国家本身的性质进行描述。其中所采用的政治程序仍然符合资本主义的民主程序，整个《哥达纲领》无不充斥着对资本主义的妥协，这才出现了"自由国家"这种自相矛盾的提法，以及对"有益劳动的社会性前提"与"劳动所得平等分配"之间的扭曲因果逻辑。因此，从本质上说，《哥达纲领》是一部表面借助工人运动，实际上加强资本主义国家功能

1　《马克思恩格斯文集》第3卷，人民出版社2009年版，第221页。

"国会纵火案"之
前的德国国会大厦

的纲领。例如，在提到国家确保国民教育的时候，马克思指出，国家不应当像当时的美国政府那样，由国家扮演"视察员"角色来监督教育的平等问题是否解决，而是要由人民实现对国家的教育。马克思并不排斥权力，只是一方面，这种权力归根结底要为人民把握；另一方面，权力的执行者应当由特定的勤务员来执行。他指出："硬说中央的职能——不是指政府统治人民的权威，而是指由于国家的一般的共同的需要而必须执行的职能——将不可能存在，是极其荒谬的。这些职能会存在；不过，行使这些职能的人已经不能够像在旧的政府机器里面那样使自己凌驾于现实社会之上了，因为这些职能应由公社的勤务员执行，因而总是处于切实的监督之下。"[1]《哥达纲领》没有正确区分资本主义国家、人民民主专政国家、共产主义自由联合体等范畴的区分，也并没有说明工人阶级政权的"民主"实施路径。这使得整个《哥达纲领》容易误导工人阶级运动走向改良主义的道路。

1　《马克思恩格斯文集》第3卷，人民出版社2009年版，第222页。

六、《哥达纲领批判》产生了哪些后续影响？

　　《哥达纲领批判》创作于德国工人运动及其政党关于未来理论和斗争方向抉择的关键时刻，也是继《法兰西内战》之后，马克思全面展示其科学社会主义、政治经济学观点的重要后期作品。如何看待爱森纳赫派和拉萨尔派各自的观点立场，特别是后者的改良主义立场，事关当时两派合并之后工人运动的革命路线。正如马克思给白拉克的信中所提，制定一个原则性纲领，这就是在全世界面前树立起可供人们用来衡量党的运动水平的里程碑。[1] 尽管他的批判并没有从实际上制止两派的合并，但是，这一批判作品在之后的工人运动中一直起着重要的作用。1890年10月，德国社会民主党在哈雷召开党代表大会，再一次将哥达纲领讨论提到了议事日程，恩格斯终于在1891年将马克思当年对草案的、

1　《马克思恩格斯文集》第3卷，人民出版社2009年版，第426页。

当时"已经不会伤害任何人"的批判公诸于世，成为同错误思想继续抗争的檄文，最终促成了令恩格斯本人大体满意、之后列宁也予以肯定的《爱尔福特纲领》的制订。因此，《哥达纲领批判》的意义是十分长远的，它的价值与其说是系统地回顾和总结了马克思关于劳动、国家、自由等范畴的科学阐述，倒不如说，是对社会主义现实工人运动的一次集中批示，是对《共产党宣言》的在逻辑上的延续和再拓展，以及对工人运动革命性的理论性的加强。

（一）德国社会民主党领袖的回应：梅林的现实妥协

在时隔十多年之后，恩格斯出版马克思的《哥达纲领批判》，给当时整个德国共产主义运动带来极大震撼。这令已经几乎定型的无产阶级政党组织形式、工会组织形式和斗争纲领等面临全面的挑战，对于拉萨尔派来说更是一次巨大的威胁。《哥达纲领批判》出版之后，甚至在一定程度上引发了对革命导师马克思指示的某种抵触。梅林就是其中的一员。

作为合并后的德国社会民主党的领袖之一，梅林对两派合并，以及《德国工人党纲领》形成的意

义毫无疑问是持充分肯定态度的。在其著作《德国
社会民主党史》中，梅林也对《哥达纲领批判》进
行评论。他指出，马克思在《哥达纲领批判》中对《德
国工人党纲领》的批判，体现出了革命的原则性，
这种批判是具有积极意义的，也具有重要的价值。
但是，梅林认为，马克思在从事批判时，忽视了一
个重要的目标，就是要通过形成这一纲领，推动两
派的合并。"这种看法本身是无可指责的；假如两
派中的一派哪怕只牺牲了自己的一点点原则，新的
统一的党当然就会因此'挫折锐气'；这样很快就
会产生新的分裂，而当缺乏详尽的理论观点的现象
即将显露的时候，就产生更危险的分裂。"[1]在梅林
看来，马克思的《哥达纲领批判》的出现，其意义
更多是停留在一种对社会主义的方向指导方面，而
非具体的运用和理论阐释方面。从他的评论中可以
看出，当时德国社会主义运动面临的最大问题和矛
盾，暂时不是源自爱森纳赫派的无原则退让和拉萨
尔派的机会主义等问题，而是运动本身是否能够坚
持下去，工人阶级及其工会能否继续坚持斗争的问
题。因此，梅林才指出，就当时的形势而言，一个
已经实现合并的政党及其纲领，要比马克思的相对

1　[德]梅林：《德国社会民主党史》第四卷，生活·读书·新
　　知三联书店1963年版，第85页。

演讲中的李卜克内西

简练的批判更加符合当时的需要。对待马克思的新批判必须要十分慎重，否则就会导致新的分裂。从这个角度出发，梅林的基本立场可以概括为：从现实角度上来说，马克思的《哥达纲领批判》给德国社会民主党带来的不稳定因素要大于他的指导意义。

从理论上来说，梅林指出，马克思对爱森纳赫派和拉萨尔派都存在着理解上的偏差。他的意思是，马克思过于倚重爱森纳赫派的理论立场，对拉萨尔派立场了解得十分片面。他指出："如果他（马克思——引者注）仔细地、按期地读过《人民国家报》，那他就很难否认在爱森纳赫派的机关报中，各种折中的社会主义还占很大势力。……他被《人民国家报》反对拉萨尔派的所谓宗派集团的斗争，不知

《人民国家报》封面

不觉地引导到这种看法，即爱森纳赫派的理论比实际更进步。……如果他所想像的拉萨尔派就是《人民国家报》上所描绘的样子，那他就必然给自己描出基本上是错误的拉萨尔派画像。"[1] 梅林的观点是，马克思在《哥达纲领批判》中，体现出了对拉萨尔派基本立场的片面化认识，才会对充满了后者观点的《哥达纲领》产生如此之大的抵触。

梅林在其著作中，明显为爱森纳赫派和拉萨尔派，尤其是后者进行了辩护。他继续说，拉萨尔派并没有像马克思所指出的那样去恶意攻击《共产党宣言》。马克思在《哥达纲领批判》中指出："拉萨尔熟知《共产党宣言》，就像他的信徒熟知他写的福音书一样。他这样粗暴地歪曲《宣言》，不过是为了粉饰他同专制主义者和封建主义者这些敌人结成的泛资产阶级联盟"，"同《共产主义宣言》和先前的一切社会主义相反，拉萨尔从最狭隘的民族观点来理解工人运动。有人竟在这方面追随他，而且这是在国际进行活动以后！"[2] 马克思的这句话，是针对《哥达纲领》的第四点和第五点。其中，第四点规定了工人阶级与其他阶级的关系，第五点规

---

1 [德]梅林：《德国社会民主党史》第四卷，生活·读书·新知三联书店1963年版，第86页。

2 [德]马克思：《哥达纲领批判》，人民出版社2018年版，第18—19页。

定了工人阶级解放运动的范围。马克思指出，工人
阶级并非与其他一切阶级都是对立的，应当还包括
一些"中间等级"，这是由革命的任务决定的；另外，
虽然在《共产党宣言》中，马克思指出无产阶级斗
争是本民族的，但是，他在《哥达纲领批判》中指出，

工人阶级的直接的斗
争舞台是本国，但现
代民族国家性质，令
德意志帝国也处于世
界市场的范围之内，
因而工人阶级的斗争
也理所应当具有了国
际联系的特征。

英国东印度公司

　　《哥达纲领批判》的出版对于爱森纳赫派来说，
也是一个巨大的考验。因为在合并之中，他们给人
留下的直接印象，便是作出了原则性的妥协。尽管
对拉萨尔派等来说，这些根本就算不上是妥协。李
卜克内西等人对恩格斯出版《哥达纲领批判》也持
有强烈的抵触情绪。

　　当然，在《哥达纲领批判》出版之后，面对来
自德国社会民主党内外强烈的反映，恩格斯也开始
频繁地通过书信，进一步阐述这一批判的出版初衷
和现实意义。他在当时面临着李卜克内西和拉萨尔
派等人的置疑，但是对他来说，这些反而是最不

值一提的。在给考茨基的一封信中,恩格斯说:
"纲领的三个组成部分:(1)地道的拉萨尔主义,
(2)人民党的庸俗民主主义,(3)谬论,并没有
因为它们作为党的正式纲领保留了 15 年之久而变得
好些。如果今天还不能公开指出这一点,那要等到
什么时候呢?"[1]在给考茨基的另一封信中,恩格斯
在回答《哥达纲领批判》可能给无产阶级的敌人提
供攻击无产阶级武器的问题时则坦然说:"担心这
封信会给敌人提供武器,是没有依据的。恶意的诽
谤当然是借任何事由都可以进行的。但是总的说来,
这种无情的自我批评引起了敌人极大的惊愕,并使
他们产生这样一种感觉:一个能够这样做的党该具
有多么大的内在力量啊!"[2]尽管在当时来说,恩格
斯的这种视角和高度,大多数的党员都是不具备的。
但是,恩格斯基于对德国社会民主党成立之后的具
体党情和整个德国无产阶级运动的整体状况,认为
马克思的《哥达纲领批判》非但不应当成为当时德
国工人运动发展的障碍,相反,更应该成为德国无
产阶级运动和无产阶级政党继续发展的推动力。他
说:"我知道,这个文件最初一定会使某些人感到

---

1 [德]马克思:《哥达纲领批判》,人民出版社 2018 年版,
 第 52 页。
2 [德]马克思:《哥达纲领批判》,人民出版社 2018 年版,
 第 57 页。

很不愉快，但这是不可避免的，在我看来，文件的具体内容绰绰有余地补偿了这一点。同时我知道，党很坚强，能够经受得住这件事，而且我估计，党在目前也会经受得住这种在 15 年前使用的直率的语言，人们会怀着应有的自豪心情提到这次力量的检验，并且说：哪里还有另外一个政党敢于这样做呢？其实，这一点已经由萨克森的《工人报》、维也纳的《工人报》以及《苏黎世邮报》说了。"[1]

晚年恩格斯

在马克思逝世以后，恩格斯承担起了愈加艰巨和复杂的任务。一是要整理和出版马克思遗作，正如整理发表了《资本论》第二、三卷和《哥达纲领批判》，以及为《哥达纲领批判》《法兰西内战》《1848 年至 1850 年的法兰西阶级斗争》等作序；二是他自身要继续从事创作出版工作，包括《家庭、私有制和国家起源》《路德维希·费尔巴哈和德国古典哲学的终结》，以及诸如《关于共产主义者同盟的历史》《沙皇俄国政府的对外关系》《法德农民问题》等一系列历史和现实社会考察著作；三是要领导欧洲和全世界的无产阶级革命，并且与包括无政府主义、民主主义、庸俗社会主义、机会主义等在内的错误思潮进行斗

---

[1]　[德]马克思：《哥达纲领批判》，人民出版社 2018 年版，第 57 页。

争并予以纠正。尽管工作极度繁忙,但是,在面对
涉及无产阶级运动的一系列问题时,他始终都能够
以极大的勇气、决心和耐心,继续引导政党及运动
往正确的道路上迈进。这充分体现了作为世界无产
阶级革命导师的智慧、胸襟和魄力。

同时,尽管梅林作为政党领袖,但是他没有对
恩格斯和马克思的科学观点给与足够的重视,反而
在替《哥达纲领》进行辩护。他认为,马克思在《哥
达纲领批判》中的一系列批判是基于主观选择而开
展的,存在着不客观的成分。第一,在阶级关系上,
马克思对后者的指责过于苛刻。拉萨尔并没有缔结
联盟的问题上表现出马克思所指出的"同资产阶级
的专制主义和封建主义敌人结成联盟",更没有"粗
暴地歪曲《共产党宣言》"。第二,马克思指责拉
萨尔用马尔萨斯学说来阐释铁的工资规律,这种指
责也是不恰当的。相较于李卜克内西,拉萨尔似乎
更加忠实于马克思在《共产党宣言》中阐述的关于
工资的论述。第三,是指责拉萨尔在《哥达纲领》
中创造了"反动的一帮"这句话。马克思在《哥达
纲领批判》中提出,资产阶级作为大工业的代表,
在反对封建制度统治阶级的时候,是可以被当作革
命阶级来看待的,此时资产阶级并不是被看作反动
阶级的。但是,梅林却认为,马克思忽视了史实性
的问题:"根据德国工人阶级十二年的经验,当它

在反对专制主义和封建主义的斗争中要支持自由派资产阶级的时候，它总是首先受到自由派资产阶级的最猛烈的打击。"[1] 在《哥达纲领》中出现的这句话并不是拉萨尔等人刻意杜撰出来的，而可以说是"自行产生"的。第四，认为马克思针对拉萨尔使用的部分语句所指也比较模糊。梅林尽可能地弱化马克思的批判立场，或者干脆把批判的矛头对准李卜克内西和爱森纳赫派，就是为了尽可能维护德国社会民主党的统一和团结。

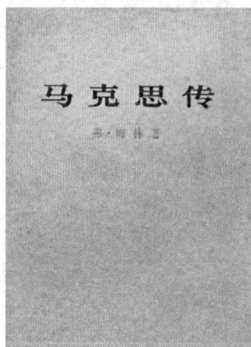

马克思传

[德]弗·梅林:《马克思传》，人民出版社1965年版

因此，梅林对马克思所批判的对象是充满了辩护色彩的。从梅林自身的角度出发，与其接受一个可能对现实联合政党造成困扰的来自革命导师的新的批判，倒不如抛却或回避这些分歧，从组织和现实运动的意义角度上，论证《哥达纲领》的正确性和必要性。这也契合爱森纳赫派对于理论建设的一贯立场，即更多地偏重实践，忽视对理论的发展。从某种意义上来说，爱森纳赫派和拉萨尔派的合并，既是时势推动的，也是两派之间的特点互补所促成的。但是，也正是这种态度，给之后的德国无产阶级运动

1　[德]梅林:《德国社会民主党史》第四卷，生活·读书·新知三联书店1963年版，第86页。

带来了重大的困扰。因为这涉及工人阶
级政权的形式问题。因此，梅林等人对
《哥达纲领批判》的消极态度，和过于
注重形式的运动路线，必然令德国社会
民主党失去真理指导。正如梅林所说：
"在哥达大会的这些日子里拉萨尔主义
永远消失了，但是这些日子也是拉萨尔
最光荣的日子。不管马克思对哥达纲领
提出的积极的反对意见多么正确，他的关于纲领
的信的命运仍然清楚地表明。拉萨尔正确地认识
了一条道路：在这条道路上德国的一个强大的、
不可战胜的工人党作为社会革命的支柱能够得到
发展。"[1]

[德] 梅林：《德国
社会民主党史》，
生活·读书·新知
三联书店 1963 年版

梅林代表的这种当时德国社会民主党的看法在
之后不可避免地遇到了困境。在《德国社会民主党史》
中，他说："可是德国社会民主党在装备上还有一
个很大的缺点：它的实践远远走在理论的前面，为
了即将到来的艰苦斗争，党像需要实践一样需要理
论"。[2] 促使梅林发出如此感慨的，是德国无产阶级
的对立阶级——容克阶层及其代表人俾斯麦对社会

1　[德] 梅林：《德国社会民主党史》第四卷，生活·读书·新
　　知三联书店 1963 年版，第 90 页。
2　[德] 梅林：《德国社会民主党史》第四卷，生活·读书·新
　　知三联书店 1963 年版，第 112 页。

主义运动的强烈打压。尽管社会民主党通过党内民主方式通过了一系列有利于劳动工人的政策。但是，在面对来自资产阶级国家权力的时候，党内民主制度显得弱不禁风。

现实已经证明，尽管面对激烈的阶级斗争，但是，德国社会民主党的领袖关注的依旧是在议会中的席位变化，依旧心甘情愿在那个他们所认可的资产阶级国家制度中做无力的挣扎。

（二）列宁的全面继承和发展：《国家与革命》

20世纪初，整个世界面临着重大的时代转换。1914年，第一次世界大战爆发，整个欧洲笼罩在战争的阴云下，资本主义国家经济受到严重破坏，生活在资本主义制度之下的人们流离失所，西方世界民生哀艰。各国无产阶级在经历了巴黎公社运动之后一段时期的消沉后，又重新掀起新的革命浪潮，开启重新发动无产阶级革命、建设社会主义国家的尝试。

第一次世界大战的凡尔登战役战场

当时的俄国，是一个农奴制色彩十分浓厚的国家。以沙皇尼古拉二世为代表的统治阶级与国内的资产阶级和无产阶级之间的矛盾极为尖锐。在 19 世纪初期，俄国国内政坛不断发生动荡，封建残余、资产阶级和无产阶级之间互相斗争，政局摇摆不定。第一次世界大战中，俄国的战败令国内矛盾再一次迅速激化。1917 年，俄国社会民主工党率

俄国农奴

十月革命中工人赤卫队和革命军队攻占冬宫

先在彼得格勒发动"二月革命"，致使沙皇尼古拉二世下台，俄国沙皇制度正式宣告终结。但是，沙皇的退位，并不意味着俄国国内的矛盾就得到缓解。资产阶级、小资产阶级和社会主义政党之间的斗争仍然十分激烈。同年 11 月，列宁领导武装斗争，包围了资产阶级临时政府所在地——冬宫。

列宁对马克思主义国家观的系统研读，是从十

月革命前夕开始的。在世界大战中，资本主义国家受到巨大冲击，资产阶级统治力量受到巨大打击。同时，无产阶级革命也迎来了新的契机。1916年秋开始，位于苏黎世的列宁开始大量阅读马克思和恩格斯的文献，比如《家庭、私有制和国家的起源》《反杜林论》《哲学的贫困》《共产党宣言》《路易·波拿巴的雾月十八日》等，还借鉴了考茨基、伯恩施坦等人的著作，形成关于建立无产阶级国家的系列理论，为之后领导十月革命、建立无产阶级政权奠定了重要的理论基础。

《哥达纲领批判》对列宁的影响是十分巨大的。一方面，列宁在谈及资本主义国家的自由问题时，他指出，资产阶级国家是资产阶级统治的工具，因此，任何一种所谓的民主或者自由的方式，都不能够改变资产阶级对无产阶级剥削这一现实。列宁说："任何国家对被压迫阶级都是'特殊的镇压力量'。因此任何国家都不是自由的，都不是人民的。在70年代，马克思和恩格斯一再向他们党内的同志解释这一点。"[1]在《哥达纲领批判》中，马克思的相关论述，清晰地反映出了这个思路，从中可看出列宁对马克思和恩格斯思想的准确理解。

另一方面，在分析无产阶级国家代替资产阶级

———————————

1　[苏]列宁：《国家与革命》，人民出版社2015年版，第20页。

国家的方式时，列宁同样运用了《哥达纲领批判》中的重要描述。列宁说："马克思和恩格斯关于暴力革命不可避免的学说是针对资产阶级国家说的。资产阶级国家由无产阶级国家（无产阶级专政）代替，不能通过'自行消亡'，根据一般规律，只能通过暴力革命。恩格斯对暴力革命的颂扬同马克思的屡次声明完全符合（我们可以回忆一下，《哲学的贫困》和《共产党宣言》这两部著作的结尾部分，曾自豪地公开声明暴力革命不可避免；我们还可以回忆一下，约在 30 年以后，马克思在 1875 年批判哥达纲领的时候，曾无情地抨击了这个纲领的机会主义），这种颂扬决不是'过头话'，决不是夸张，也决不是论战伎俩。"[1]列宁之所以在当时如此关注机会主义，针对机会主义展开猛烈批判，原因就在于当时俄国的斗争形势，已经到了必须开展暴力斗争的时候。任何倾向理想主义和改良主义的路线，在面对冷血的资产阶级的时候，必然会遭到极大的损失。因此，列宁说："必须系统地教育群众这样来认识而且正是这样来认识暴力革命，这就是马克思和恩格斯全部学说的基础。现在占统治地位的社会沙文主义流派和考茨基主义流派对马克思和恩格斯学说的背叛，最突出地表现在这两个流派都把这

---

1 ［苏］列宁：《国家与革命》，人民出版社 2015 年版，第 22 页。

方面的宣传和鼓动忘记了。"[1] 应当正确分析清楚，无产阶级国家取代资产阶级国家和无产阶级国家的消失，经历的方式是完全不一样的。前者，是必然要通过暴力革命的方式才能实现，而后者的消失方式只能是"自行消亡"。

马尔托夫（1873—1923），原名尤里·奥西波维奇·策杰尔鲍姆，俄国孟什维克代表人物之一，也是俄国机会主义代表人物

对这一问题的强调，实际上是要针对社会主义阵营中长期存在的改良主义路线。马克思在《哥达纲领批判》中一个重要的目标也在于此。在巴黎公社运动失败之后，国际共产主义运动还没有发起一次真正大规模的革命运动。此时，列宁的探索，就为国际共产主义运动注入了强大的推动力。

是否采取暴力革命这个问题，在马克思和恩格斯在世时就始终是社会主义阵营内部一个争论不休的问题。尽管马克思和恩格斯曾经围绕工人阶级革命方式问题，反复强调暴力革命的重要性，但是，经过巴黎公社运动失败，以及第一国际和第二国际的先后解散和瓦解，对于国际共产主义运动来说，已经到了发展的十字路口。一是，国际共产主义运动究竟应当以什么样的形式开展下去；二是，有哪一个政党或者派别，能够切实承担起革命运动的领导任务；三是，除却欧洲大陆和英国，社会主义

1　[苏]列宁：《国家与革命》，人民出版社 2015 年版，第 22 页。

运动究竟还能够在哪个国家产生突破。这三个问题，在当时给国际共产主义运动带来了极大困扰。能不能解决好这些问题，直接决定了马克思主义对革命的指导意义。

18世纪70年代无疑是马克思和恩格斯阐释国家理论最频繁的年代。之所以二人会在这一时期如此重视对国家观的论述，巴黎公社运动毫无疑问是一个直接的推动因素。并且，在这一时期，马克思和恩格斯对国家的论述早已摆脱了先前的话语。一方面，这是同当时第一国际的斗争形势密切相关的。现实的需求令马克思和恩格斯必须从具体的情况入手，切实承担起对无产阶级运动的总结和指导。另一方面，马克思和恩格斯在后期和晚期的时候，也发生了深刻的理论视野转变。包括两人在各自撰写《法兰西内战》《自然辩证法》《反杜林论》等著作时，就深刻体现出了这一特点。这些也深深影响了列宁。他在阅读马克思晚年著作的时候深刻地感受到，马克思和恩格斯在生前，就已经对无产阶级革命斗争给与了明确的形势判断："'把官僚军事国家机器打碎'这几个字，已经简要地表明了马克思主义关于无产阶级在革命中在对待国家方面的任务问题的主要教训。而正是这个教训，不仅被人完全忘记了，而且被现时对马克思主义所作的流行的即考茨基主

爱德华·伯恩斯坦（1850—1932），德国社会民主党成员，德国社会民主主义理论家及政治家，进化社会主义（改良主义）的建立者之一

卡尔·考茨基（1854
—1938），德国和国
际工人运动理论家，
社会民主主义活动
家，第二国际领导
人之一

义的'解释'公然歪曲了。"[1]从马克思和恩格斯在 19 世纪 70 年代的系列著作中，列宁找到了对抗伯恩施坦等人错误立场的武器。

第一次世界大战的爆发，给原本陷入消沉和分歧之中的社会主义运动阵营带来了新的契机。作为革命导师，列宁准确分析了俄国的社会形势，将马克思主义的革命斗争观念及时准确地运用到对俄国的分析之中。他指出，俄国国内无产阶级革命的斗争形式问题，已经能够从马克思和恩格斯那里得到明确的答案，那就是要坚决抛弃机会主义和改良主义，坚定不移地开展暴力斗争。

恩格斯的《给倍倍尔的信》同样给了列宁创作国家观以巨大的启发。列宁指出，恩格斯关于"国家"和"共同体"的论述，明确地显示"国家"对于无产阶级革命的重要意义。列宁指出："公社已经不再是国家了，因为公社所要镇压的不是大多数居民，而是少数居民（剥削者）；它已经打碎了资产阶级的国家机器；居民已经自己上台来代替特殊的镇压力量。所有这一些都已经不是原来意义上的国家了。"[2]列宁当时所面对的是来自无政府主义者、

1　[苏]列宁：《国家与革命》，人民出版社 2015 年版，第 39 页。
2　[苏]列宁：《国家与革命》，人民出版社 2015 年版，第 67 页。

机会主义者、改良主义者等人的阻挠和干扰。对于俄国革命来说，首先需要面临的就是路线问题。因此，列宁才会在革命前夕，专门研究马克思和恩格斯的著作。事实证明，列宁对马克思和恩格斯著作的正确研读，对俄国十月革命的开展起到了至关重要的引导作用，确保在当时十分复杂的斗争环境之下，找到一条最符合俄国革命的道路。

1875年，恩格斯在给倍倍尔写信时，对当时的社会主义民主主义和拉萨尔主义进行尖锐批评，特别是其围绕国家观的系列论述，得到了列宁的极大关注。列宁在《国家与革命》中就引用了这封信中围绕自由与国家的关系问题展开的论述。恩格斯在论述中，极力批判资产阶级的"国家"形式，认为无产阶级运动所创造的国家，同资本主义国家完全是不同性质的两种概念。事实上，正是由于马克思和恩格斯关于无产阶级国家的立场同资产阶级国家概念完全不同，因而招致一些不明事理的人们反而怀疑他们已经是"无政府主义者"了。当然，这个"政府"指的是资产阶级性质的政府。从这个意义上来说，马克思和恩格斯是坚定的"无资产阶级性质政府主义者"。因此，列宁说："我们还是要做我们自己的事情。在修改我们的党纲时，绝对必须考虑恩格斯和马克思的意见，以便更接近真理，以便清除对马克思主义的歪曲而恢复马克思主义，以便更正确

列宁：《反对修正主义》，人民出版社1958年版

地指导工人阶级争取自身解放的斗争。"[1]就是说，列宁坚决主张俄国无产阶级始终秉持对无产阶级国家概念的正确理解，明确革命的政治目标。只有明确革命目标和前途，才能确保革命方向的正确性。

在马克思撰写《哥达纲领批判》的那一段时间，从他和恩格斯的作品和来往书信中可以切实感受到，当时在社会主义阵营内部出现的纷争的主要特点，一是社会主义思潮十分杂乱，二是各种社会主义思潮的势力较大，对无产阶级运动现实往往都产生了深远影响。在这种情况下，对于经历了巴黎公社运动这一悲壮革命的国际共产主义运动来说，列宁的立场就显得异常重要了。

为了再一次区分"国家"概念，列宁基于俄国实际情况，进行进一步拓展。他提出，用"公社"一词描述无产阶级国家，这样可以更加有助于同资产阶级的"国家"概念划分界限。他指出："如果公社得到巩固，那么公社的国家痕迹就会自行'消亡'，它就用不着'废除'国家机构，因为国家机构将无事可做而逐渐失去其作用。"[2]通过这种方法，列宁对早就存在于社会主义阵营之中的"国家"的

1　[苏]列宁：《国家与革命》，人民出版社2015年版，第67页。
2　[苏]列宁：《国家与革命》，人民出版社2015年版，第67页。

争执给予了明确的答案。无政府主义者等提出的针
对马克思和恩格斯的"人民国家"概念，在列宁看
来也没有任何意义。

　　《国家与革命》具体完成于 1917 年 8—
9 月。在这一段时间，由于科尔尼洛夫妄图
发起反革命叛乱，消除革命力量，复辟君主制，
革命陷入了危机之中。列宁由于被反动力量
通缉，不得不暂时隐居，开始撰写革命理论。
在布尔什维克党的领导下，叛乱得到平息，
但是资产阶级临时政府的统治力量被大量削弱，也
表现出更大的反动性。11 月，革命正式爆发。

拉夫尔·科尔尼洛夫
（1879—1918），俄
国临时政府最高统
帅，企图掌握资产
阶级政府独裁权力

　　由于具有明确的革命目的，即建立无产阶级政
权和无产阶级专政国家，列宁领导布尔什维克党及
其武装组织，攻占冬宫，发布《告俄国公民书》，
通过《和平法令》和《土地法令》，召开全俄罗斯
第二次苏维埃代表大会，正确宣告苏联的成立。由
此，人类历史上第一个无产阶级专政国家正式建立，
马克思主义的国家观也得以真正实现。

　　《哥达纲领批判》及其相关文献给列宁的启示
还表现在关于国家发展的经济实践上。在分析马克
思 1875 年给白拉克的信件时，列宁首先对马克思和
恩格斯对国家论述的差异进行了阐释。他指出，马
克思在给白拉克的信中所提的"国家"，和恩格斯
给倍倍尔的信中提到的"国家"概念，在表述上是

列宁在全俄罗斯第二次苏维埃代表大会上讲话（油画）

有差异的。比如，马克思提到在未来社会主义会存在国家制度，而恩格斯则提到"国家"概念应当被"共同体"所替换。但实际上，二人的国家概念在本质上是一致的。他指出："马克思和恩格斯之间仿佛存在差别，是因为他们研究的题目不同，要解决的任务不同。恩格斯的任务是要清楚地、尖锐地、概括地向倍倍尔指明，当时流行的（也是拉萨尔颇为赞同的）关于国家问题的偏见是十分荒谬的。而马克思只是在论述另一个题目即共产主义社会的发展时，顺便提到了这个问题。"[1] 当然，"顺便提到这个问题"并不意味马克思不重视国家问题。相反，马克思对国家问题是十分重视的，他正是以国家问题作为重要切入口，指出在共产主义到来时国家形

1　[苏]列宁：《国家与革命》，人民出版社 2015 年版，第 86 页。

态的变化。国家概念也成为马克思论证资本主义必然崩溃的重要方面。不论恩格斯还是马克思都一致认为，资本主义的国家终究是要灭亡的。而它在灭亡之前，也必然要经历一个漫长的过渡阶段。有些人所以为的马克思和恩格斯的分歧也就出在这里，认为马克思所讲的国家指的是与资本主义国家和其他社会制度一致的国家形式，而恩格斯则认为国家的概念只能用在资本主义社会中，不能运用在社会主义制度之下。因此，马克思和恩格斯围绕究竟能不能有"社会主义国家"必然会产生"分歧"。

列宁：《帝国主义是资本主义的最高阶段》，人民出版社 2015 年版

列宁针对这个看似矛盾的问题，给出了明确的答案。他引用了马克思关于"现代国家"的论述，后者指出："不同的文明国度中的不同的国家，不管它们的形式如何纷繁，却有一个共同点：它们都建立在现代资产阶级社会的基础上，只是这种社会的资本主义发展程度不同罢了。所以，它们具有某些根本的共同特征。在这个意义上可以谈'现代国家制度'，而未来就不同了，到那时，'现代国家制度'现在的根基即资产阶级社会已经消亡了。"[1] 马克思和恩格斯都预测资本主义国家的最终结局，

---

1 [德] 马克思：《哥达纲领批判》，人民出版社 2018 年版，第 27 页。

那就是灭亡。那么，从资本主义到共产主义这一漫长的过渡阶段，又应当如何明确、不被误解地阐释呢？关于这个关键问题，列宁专门进行了阐述。他详细分析了资本主义国家及其政治形态处于从资本主义向共产主义过渡期的具体发展模式。他认为，在这一阶段，不能单纯改良资本主义民主形式，而是要从根本上铲除这一种制度的根基。

从历史发展的实际规律来看，从资本主义向共产主义的过渡阶段是必然的，而在这一阶段中，阶级镇压也是必须的。这种过渡主要体现在两个方面：一个是统治阶级与被统治阶级力量对比的转换，还有一个就是统治阶级与被统治阶级也发生了巨大的变化。在过渡阶段，统治阶级由资产阶级转化为无产阶级，同时，无产阶级的力量将不断积累，资产阶级力量在斗争中不断被削弱。当全社会的无产阶级统治力量达到最大的时候，也就是阶级和国家消亡的时候。列宁说："只有共产主义才能够完全不需要国家，因为没有人需要加以镇压了，——这里所谓'没有人'是指阶级而言，是指对某一部分居民进行有系统的斗争而言。我们不是空想主义者，我们丝毫也不否认个别人采取极端行动的可能性和必然性，同样也不否认有镇压这种行动的必要性。"[1]

1　[苏]列宁：《国家与革命》，人民出版社2015年版，第93页。

列宁认为，按照马克思的思路，共产
主义到来的前提需要解决两大问题，
一大问题是全社会需要形成统一的健康
的价值体系和文明体系，不需要借助国
家力量确保这种体系；另一大问题是需
要在全社会消除贫困和剥削问题。剥削
问题是阶级压迫所导致的，而剥削所带
来的后果之一便是贫穷。因此，只要这
两个问题解决了，那么国家的职能也就随之而消
失了。

《列宁论新经济政策》，人民出版社2014年版

　　《哥达纲领批判》对列宁关于帝国主义发展阶
段阐释的启发意义也是巨大的。他将共产主义发展
阶段分为两个部分。一是"第一阶段"。在这一阶段，
共产主义还并未完全实现人的自由解放，还带有"旧
社会的痕迹"。为此，列宁就共产主义第一阶段的"平
等"问题展开了讨论。他认为，平等是相对于不平
等而言的。马克思指出，对平等的理解不能局限于
资产阶级角度。平等似乎是表达这么一层意思："生
产资料已经不是个人的私有财产。它们已归全社会
所有。社会的每个成员完成一定份额的社会必然劳
动，就从社会领得一张凭证，证明他完成了多少劳
动量。他根据这张凭证从消费品的社会储存中领取
相应数量的产品。这样，扣除了用做社会基金的那
部分劳动量，每个劳动者从社会领回的正好是他给

予社会的。"[1]拉萨尔所犯的错误，即把这种社会状
态就看作是公平或平等，陷入了资产阶级话语体系
的陷阱之中。列宁指出，这种错误理解的本质在于，
拉萨尔等人只是关注到了表面的平等或者是形式的
平等，但并没有关注到平等的本质并不是局限于交
换本身，而是要具体关注到劳动者身上。正是因为
看到这一点，列宁才直接点出了资本主义不平等的
实质，以及第一阶段共产主义所能够实现的平等程
度。"资产阶级权利"虽然已经不存在，但是在分
配方式上，仍然需要随着社会的发展作进一步修正。
列宁指出："'不劳动者不得食'这个社会主义原
则已经实现了；'对等量劳动给予等量产品'这个
社会主义原则也已经实现了。但是，这还不是共产
主义，还没有消除对不同等的人的不等量（事实上是不等量的）劳动给予等量产品的'资产阶级权利'"[2]。但在这一阶段，国家的职能不再主要作为反对资产阶级权利的

《列宁在 1920 年苏维埃大会上关于电气化的讲话》（油画）

1　[苏] 列宁：《国家与革命》，人民出版社 2015 年版，第 94 页。
2　[苏] 列宁：《国家与革命》，人民出版社 2015 年版，第 96—97 页。

工具存在，而是要作为"保卫生产资料共有制的同时来保卫劳动的平等和产品分配的平等"的工具而存在。可以说，《哥达纲领批判》也成为列宁构建共产主义理论的重要基石。他之后按照马克思的思路分析了共产主义社会的高级阶段。按照马克思的历史发展逻辑，随着生产力的发展，社会生产中的脑力劳动和体力劳动已经不存在对立，这两种劳动已经成为每个人共有的劳动形式。到那时，自由与国家就已经全部消失。所谓"自由国家"也就成了一个伪命题。

除了在理论层面的考察，列宁也专门围绕当时俄国革命的具体形势展开论述。他说："说资产阶级思想家（和他们的走卒，如策列铁里先生、切尔诺夫先生之流）替资本主义进行自私的辩护，正是因为他们一味争论和空谈遥远的未来，而不谈目前政治上的迫切问题：剥夺资本家，把全体公民变为一个大'辛迪加'即整个国家的工作者和职员，并使这整个辛迪加的全部工作完全服从真正民主的国家，即工兵代表苏维埃国家。"[1]在现实中，曾经有众多的资产阶级知识分子，借用共产主义最高阶段来攻击马克思主义，指出后者的乌托邦本质。他们将共产主义最高阶段的国家的消失转嫁到当时的俄

1　[苏]列宁：《国家与革命》，人民出版社2015年版，第99—100页。

国，成为实际上的无政府主义者。这同当时马克思撰写《哥达纲领批判》时期部分社会主义无政府主义思潮有相似之处。对此，列宁明确指出，社会主义和共产主义是有巨大差别的，而前者正是从资本主义制度中孕育而成，并非主观构成。因此，列宁关于共产主义两个阶段的论述，是对一些形容共产主义为"乌托邦"的资产阶级知识分子，和无政府主义社会主义分子的理论武器。

　　除了自由，如何处理好民主与社会主义国家之间的关系，也是一个重要的理论和现实问题。列宁认为，在社会主义中的民主具有重要的政治功能，那就是为工人阶级获得正确提供现实的通道，便于工人阶级开展革命斗争。"民主在其发展的某个阶段首先把对资本主义进行革命的阶级——无产阶级团结起来，使他们有可能去打碎、彻底摧毁、彻底铲除资产阶级的（哪怕是共和派资产阶级的）国家

新经济政策时期苏联货币 3 卢布

机器即常备军、警察和官吏，代之以武装的工人群
众（然后是人民普遍参加民兵）这样一种更民主的
机器，但这仍然是国家机器。"[1]这句话中透露着至
少两层因素：一是无产阶级革命运动建立的国家仍
然具有重要的职能和存在的意义；二是国家作为一
种暴力机关，仍然要建立起一整套的机构。这就为
之后成立苏联提供了重要的理论和实践铺垫。

在设计苏联的国家政权和生产方式时，列宁提
出，全社会会成为国家"辛迪加"的职员和工人，
这在一定程度上会与资本主义生产方式较为类似。
全社会都在有序、量化地开展生产劳动，实行高度
规则化的秩序。但是，列宁指出，社会主义的这种
生产方式并不会永远存在下去，这一形态只能是属
于特定的阶段的。他说："无产阶级在战胜资本家
和推翻剥削者以后在全社会推行的这种'工厂'纪
律，决不是我们的理想，也决不是我们的最终目的，
而只是为了彻底肃清社会上资本主义剥削制造成的
卑鄙丑恶现象和为了继续前进所必需的一个阶段。"[2]
这一阶段，毫无疑问是作为迈向共产主义最高形式
而存在的，也是需要同资本主义明确划清界限的地
方。在革命之后建立起来的新的无产阶级专政，也

1　[苏]列宁：《国家与革命》，人民出版社2015年版，第102页。
2　[苏]列宁：《国家与革命》，人民出版社2015年版，第104页。

需要沿着这个方向贯彻下去，直至随着生产力的发展及其所推动的上层建筑达到极为发达的时候，这种"辛迪加"就会消失。"当社会全体成员或者哪怕是大多数成员自己学会了管理国家，自己掌握了这个事业，对极少数资本主义、想保留资本主义恶习的先生们和深深受到资本主义腐蚀的工人们'调整好'监督的时候，对任何管理的需要就开始消失。民主愈完全，它成为多余的东西的时候就愈接近。由武装工人组成的、'已经不是原来意义上的国家'的'国家'愈民主，则任何国家就会愈迅速地开始消亡。"[1] 十月革命之后建立的苏联发展实践清楚地验证了列宁当年对新政权、新国家的阐释。事实也证明，正是由于列宁对当时苏联社会主义发展阶段的正确分析和定位，为苏联在短时期之内迅速发展提供了重要的道路指引，实现了从理论到实践的双重跨越，是对《哥达纲领批判》和其他相关著作的正确实践和创造性发展，也针对资产阶级知识分子和一些其他社会主义流派作了重要的理论回击。

　　19 世纪 90 年代，机会主义和无政府主义思潮在国际社会主义阵营内部有较大影响。代表人物之一普列汉诺夫在当时出版了一本小册子，题为《无政府主义和社会主义》。普列汉诺夫是较早研究和

1　[苏]列宁:《国家与革命》，人民出版社 2015 年版，第 104 页。

传播马克思主义的俄国人，早年曾是激进的民粹主义者，反对沙皇专制统治和农奴制度。后流亡海外，结识了考茨基、李卜克内西、伯恩施坦等人，开始全面研究马克思主义，并得到恩格斯的赞赏。之后，普列汉诺夫慢慢走上社会沙文主义道路，反对十月革命。尽管如此，他对马克思主义在俄国的发展曾起到巨大的推动作用，对列宁的马克思主义观的形成和建立也起到了重要的作用。

1921年，俄共（布）十大召开，决定实行"新经济政策"

列宁在批判普列汉诺夫时指出，后者在阐述无政府主义和社会主义之间的内在关系时，忽视了无产阶级革命应当如何对待国家的问题。他援引恩格斯在《哥达纲领批判》出版时的序言写道："我们正在同巴枯宁和他的无政府主义派进行最激烈的斗争。"[1] 在巴黎公社运动结束以后，无政府主义得到了充分发展的契机，他们将巴黎公社运动看作自身理论发展的成果，给当时的马克思主义阵营造成了巨大的困扰。列宁则直接指出了无政府主义的最致命弱点，

格奥尔基·瓦连廷诺维奇·普列汉诺夫（1856—1918）

---

1 [苏]列宁：《国家与革命》，人民出版社2015年版，第106页。（[德]马克思：《哥达纲领批判》，人民出版社2018年版，第4页。）

即对国家之于革命的地位避而不谈。他说："在谈'无政府主义和社会主义'时回避整个国家问题，不理会马克思主义在公社以前和以后的全部发展，那就必然会滚到机会主义那边去。因为机会主义求之不得的，正是完全不提我们刚才所指出的那两个问题。光是这一点，已经是机会主义的胜利了。"[1]接着，列宁就开始了与考茨基及机会主义者的论战。

（三）同错误思潮的持续斗争：《爱尔福特纲领批判》

《哥达纲领批判》正式出版之后，随即遭到了以李卜克内西为代表的一批德国社会民主党党员的强烈抵触。这部作品在刚刚问世时，李卜克内西等人就刻意隐瞒。1872年，倍倍尔和李卜克内西一道，被当时的莱比锡法庭以"图谋叛国罪"为由逮捕。尽管倍倍尔在《哥达纲领批判》完成之前就已经出狱，但是李卜克内西却来向他提及这份文件。恩格斯在《致弗里德里希·阿道夫·左尔格》的信中，就体现了李卜克内西、哈赛尔曼等人对待《哥达纲领批判》时的强烈抵触态度。在给倍倍尔的信中，恩格斯指出："李卜克内西永远也不会甘心情愿地

1　[苏]列宁：《国家与革命》，人民出版社2015年版，第106—107页。

同意发表，而且还要千方百计地加以阻挠。1875年
以来，这个批判对他一直是如鲠在喉，只要一提到
《纲领》，他就想起这个批判。"[1]对《哥达纲领批
判》的共同态度，也促使爱森纳赫派和拉萨尔派更
加紧密地联系在一起。恩格斯指出，合并之后的爱
森纳赫派已经接受拉萨尔派的所有经济主张，"事
实上已成了拉萨尔派"。两派的合并，也形成了一
个共同排斥《哥达纲领批判》的联盟。这一联盟展
开了意识形态的统一工作，并且形成了集权控制——
甚至对恩格斯作品的发表都要予以控制。他们操纵
了当时重要的左派报刊《新时代》《前进报》

等，形成了一个对社会舆论高度敏感、操控
欲极强的政治团体。

　　1891年8—9月，考茨基和伯恩施坦共
同起草了《爱尔福特纲领》草案（又称《1891
年社会民主党纲领草案》），经修改后也得
到了倍倍尔和李卜克内西的支持。到了10月，德国
社会民主党举办了爱尔福特代表大会，在大会上通
过了新的《爱尔福特纲领》。《爱尔福特纲领》是
《哥达纲领》的延续，经大会通过之后，在由德国
社会民主党运作的《新时代》上得以发表。这一纲

弗里德里希·阿道
夫·佐尔格（1828—
1906），美国和国际
工人运动活动家，第
一国际领导人之一

1　[德]马克思：《哥达纲领批判》，人民出版社2018年版，
　　第61页。

领围绕资产阶级社会及其发展规律、资本主义市场运行规律、无产阶级斗争目标和方法、社会所有制、人民各项权力保护、社会保障体制等问题进行规定，以无产阶级运动视角，为德国社会主义民主党提供新的指导意见。

从内容上来说，《爱尔福特纲领》要比《哥达纲领》更加全面和具体。恩格斯也认为，这部纲领要比后者更加完善，拉萨尔派和庸俗社会主义也已经基本得到了清除。其中，马克思的《哥达纲领批判》毫无疑问起到了巨大作用。恩格斯在给身处美国的社会主义领导人之一左尔格的信中就明确提到，《爱尔福特纲领》体现出"马克思的批判取得了完全的胜利"。但是，《爱尔福特纲领》中的机会主义依旧存在。恩格斯批判《爱尔福特纲领》

1891 年爱尔福特代表大会参会者合影

的手稿同马克思的《哥达纲领批判》一样，在创作之后并没有能够及时发表出来，但是都对国际共产主义运动产生了深远的影响，包括对列宁撰写《国家与革命》等著作起到了重要的推动作用，共同成为马克思和恩格斯对国际工人运动和政党的指导性纲领。

在《爱尔福特纲领》批判中，恩格斯采用了马克思批判《哥达纲领》时相似的形式。不过，在整体内容上，除了针对《爱尔福特纲领》进行语句批判之外，恩格斯更是采用了一种总体论述的形式，作为对个人立场的总结性表达。比如，在提到政治要求时，恩格斯全面阐释了政治批判的总体原则。他说："草案的政治要求有一个很大的缺点。这里没有说本来应当说的东西，即使这十项要求都如愿以偿，我们固然会得到更多的为达到主要政治目标的种种手段，但这个主要目标本身却决不能达到。"[1]恩格斯认为，《爱尔福特纲领》存在的一个重要问题，是其中规定的一系列条款并不具有现实的指导性，也不具备现实的可操作性。这一纲领，往往是对一些表面看似重大，但实际上并不会起多大实际作用的问题进行规定，充满了浓厚的理想化色彩。德国无产阶级面对的革命对象，和之前其他主要西方国

1　《马克思恩格斯全集》第22卷，人民出版社1965年版，第272页。

19世纪的法兰克福议会

家革命面对的对象是完全不一样的。因为英国、法国、美国等君主国或民主共和国，政治权力结构松散，政权的统治力量远远不及德国政府。

因此，这一纲领在当时普鲁士政府的高度专制的统一之下，毫无疑问无法起到真正的指导作用。因而恩格斯说："这样的政策归根到底只能把党引入迷途。人们把一般的抽象的政治问题提到首要地位，从而把那些在重大事件一旦发生，政治危机一旦来临就会自行提到日程上来的迫切的具体问题掩盖起来。这除了使党突然在决定性的时刻束手无策，使党在具有决定意义的问题上由于从未进行过讨论而认识模糊和意见不一而外，还能有什么结果呢？"[1]恩格斯对这种后果进行了一个预想，那就是，等真正到无产阶级政党遇到重大实质性问题手足无措时，或许会等待一个出于"真诚的"动机的做法。这就是《爱尔福特纲领》的机会主义错误导向。

恩格斯就此提出了《爱尔福特纲领》本应遵循

1　《马克思恩格斯全集》第22卷，人民出版社1965年版，第273—274页。

的几个重要政治原则：其一，是民主共和国之于无
产阶级专政的重要性。当时普鲁士政府是不允许民
主共和国存在的，实现这一种形式的难度，要比先
后经历了数次大革命的法国困难得多。寄希望于使
用和平改良的方式取得政权只能是一种幻想。其二，
是对普鲁士国家政权的改造方案。恩格斯认为，需
要破解当时普鲁士那种高度统一化的治理体系，整
个德意志应当消除不同地区的行政权力差别，形成
平等化、有相对独立性的地区。并且在这个基础上，
建立共和国。恩格斯针对当时普鲁士政治体制的建
议，并不是要全部推翻和否定既有的体制，而是要
在既有的政治上进行革命化改造，建立凸显相对独
立和自主化的共和国体制。他说："一般说来，我
们的'联邦制国家'已经是向单一制国家的过渡。
我们的任务不是要使 1866 年和 1870 年所实行的自
上而下的革命又倒退回去，而是要用自下而上的运

19 世纪西方议会斗殴场景

圣彼得堡市斯莫尔尼宫。十月革命期间布尔什维克党军事革命委员会驻地，1917 年苏维埃政权独立宣言在此发布，周围的修道院建筑现为圣彼得堡市政府所在地

动给予它以必要的补充和改进。"[1] 恩格斯所主张的是在当时的德国建立起相对独立自主的单一的共和国形式。

在经济方面，恩格斯最为关注的，是工人和企业主在劳动委员会中的地位。《爱尔福特纲领》规定："由帝国劳动部门、各专区劳动局和劳动委员会对全部工业企业进行监督，并调整城乡劳动关系。"[2] 恩格斯对此进行了专门提示。劳动委员会，是工人阶级参加政治活动、维护自身权益的重要组织，因此，这一组织内部的人员组成就十分重要。他提醒，要正确意识到工人在劳动委员会当中应当占据应有的地位。在过去，表面上工人和企业主是在劳动委员会中各占一半，但是，工人委员中始终有"害群之马"，从而导致工人在工人委员会当中居于少数地位。因此，恩格斯建议，要设置一个企业主委员会，以及与之相平行的独立的工人委员会。

总体来看，《爱尔福特纲领批判》与《哥达纲领批判》存在着显著的相同点。一是，二者都紧密联系劳动价值理论，将之作为构建工人运动路径的

1　《马克思恩格斯全集》第 22 卷，人民出版社 1965 年版，第 275—276 页。

2　《马克思恩格斯全集》第 22 卷，人民出版社 1965 年版，第 702 页。

理论起点。虽然《哥达纲领》和《爱尔福特纲领》
是属于政治纲领，但是，马克思和恩格斯在不同时期，
先后将劳动价值作为支撑工人运动纲领的基本要素，
体现了两位导师共同的理论逻辑。当然，由于革命
斗争形势的变化，以及两部纲领本身的表述不一样，
马克思和恩格斯在分别批判两部纲领的时候，围绕
劳动价值理论的论述各有侧重点。马克思的重点是
围绕劳动与价值的相互关系展开批判，重点对《哥
达纲领》中关于劳动的本质内涵及其与社会价值增
长的关系进行论述。他指出，劳动并不是代表一切
财富，而是代表着使用价值的源泉。只有当劳动者
同时掌握生产资料，那么，借助这些生产资料进行
劳动而创作出来的财富才能属于劳动者。因此，从
这个角度上，就揭示了资本主义利用生产资料所有
制占有劳动者劳动价值的本质。在《爱尔福特纲领
草案批判》中，恩格斯围绕生产资料所有者、各生
产阶层和财富之间的关系进行了详细论述。他进一
步确立了德国存在的所有政治问题本质上都是经济
问题，而一切的经济问题，包括公正和平等问题，
都是源于生产资料所有制问题。在提到个人所有制
问题时，《爱尔福特纲领》笼统地将德国社会的统
治归于"个人所有者"那里。这一纲领明显犯了一
些错误，那就是混淆了"个人所有者"和有产者之
间的差异。恩格斯指出："农民和小资产者也是'个

西方的童工

人所有者'，至少今天还是；但是在整个纲领中都没有提到他们，因此在表述中应该使他们根本不包括在这里所说的个人所有者的范畴之内。"[1]如果按照原纲领的表达，那么，就会导致运动对象、目标和同盟军范围的模糊，这是德国工人运动中的重大隐患。

二是，两个批判共同围绕无产阶级的政权组成和运行进行重点的指导。爱森纳赫派、拉萨尔派以及合并后成立的德国社会主义工人党并不能充分重视理论发展，导致在运动实践过程中制定了模糊和错误的路线纲领，在政权形式、政权掌握等方面，并不能够真正基于无产阶级革命本质特征、本质目标形成正确的认识。《哥达纲领》和《爱尔福特纲领》分别对国家的政治权利形式进行构建，但是，其自身的不足，也为马克思和恩格斯通过批判进而为工人阶级运动提供了重要素材。譬如，二人在两次批判中共同提出工人阶级运动是要建立"民主共和国"。在《哥达纲领批判》中，马克思指出，德国工人党

---

1   《马克思恩格斯全集》第22卷，人民出版社1965年版，第269页。

所构建的"现代民族国家"只是普鲁士国家的一种
翻版，虽然按照社会主义构想，它能够提出一些革
命口号和纲领，但是，这些口号和纲领终归只能是
一种理想状态，并不能跳出普鲁士国家的框架实现。
因此，当马克思看清这一点之后，他就说："人们
只要求他们还没有的东西——，那么，它就不应当
忘记主要的一点，就是说，这一切美妙的玩意儿都
建立在承认所谓人民主权的基础上，所以它们只有
在民主共和国内才是适宜的。"但是，现实是德国
社会主义工人党并不拥有足够的政治勇气，能像当
初法国人民对国王路易·菲利普和路易·拿破仑那
样，要求成立一个真正的民主共和国，德国普鲁士
政权的统治手腕要比当初的法国国王强硬得多。因
此，马克思指责德国社会主义工人党"居然向一个
以议会形式粉饰门面、混杂着封建残余、同时已经
受到资产阶级影响、按官僚制度组成、以警察来保
护的军事专制国家，要求只有在民主共和国里才有
意义的东西，并且还向这个国家庄严地保证，他们
认为能够'用合法手段'从它那里争得这类东西！"[1]
马克思在这里实质上指出了一个重要问题，那就是
所谓的社会主义政党采用的"合法手段"，终归只

1　[德]马克思：《哥达纲领批判》，人民出版社 2018 年版，
　　第 28 页。

路易·菲利普一世（1773—1850），法国奥尔良王朝唯一的君主，在1848年二月革命中逃往英国

能是合"资本主义和资产阶级的法"。依靠这种改良主义而建立的政权和所谓的"民主共和国"，并不是属于工人阶级的民主的共和国。恩格斯同样将德国与法国的情况进行了比较，认为虽然德法两国的国情和革命形势不一样，但是建立一个工人阶级专政的统一的民主共和国，却是社会主义运动的共同要求。

三是，两个批判共同针对自由、民主、平等等资产阶级价值问题进行批判。马克思在批判《哥达纲领》时指出，其中多次提到的平等的权力仍然是"资产阶级权利"。他指出，资产阶级权利在形式上似乎较为满足平等的劳动及交换，但是，资产阶级的平等观终归只能满足资本主义市场的交易需求，以及资产阶级在交易背后的剥削需求。马克思说："这种平等的权利，对不同等的劳动来说是不平等的权利。它不承认任何阶级差别，因为每个人都像其他人一样只是劳动者；但是它默认，劳动者的不同等的个人天赋，从而不同等的工作能力，是天然特权。所以就它的内容来讲，它像一切权利一样是一种不平等的权利。"[1]马克思从生产、劳动角度出

1　[德]马克思：《哥达纲领批判》，人民出版社2018年版，第15页。

发，真正将工人阶级的境况纳入对平等的阐述之中，时至今日，依旧是对资产阶级平等观的重要反驳依据。恩格斯则从另一方面诠释了"平等"的实质内涵，他对实现无产阶级平等观的思考，超出资产阶级平等观的传统视角，将平等诠释为平等的权利和平等的义务并存。他说："我提议把'为了所有人的平等权利'改成'为了所有人的平等权利和平等义务'等等。平等义务，对我们来说，是对资产阶级民主的平等权利的一个特别重要的补充，而且使平等权利失去道地资产阶级的含义。"[1]

恩格斯之所以将权利与义务同时作为平等的重要内容，一是将资产阶级将"平等"作为掩盖阶级剥削的口号彻底抛弃。正是因为恩格斯完全不同于资产阶级，后者只是单纯地把"平等"作为简单的标语甚至是带有欺骗性的政治谎言，而前者是要将"平等"的真正内涵公之于众。

法国大革命期间颁布的《人权宣言》

1　《马克思恩格斯全集》第22卷，人民出版社1965年版，第271页。

七、《哥达纲领批判》有何当代价值?

《哥达纲领批判》蕴含了马克思主义丰富的政治观、国家观、发展观、斗争观,是一部综合论述无产阶级政党建设和斗争路线的重要作品。中国共产党成立以来,带领全国人民探索出一条符合本国国情的革命建设道路,开辟了马克思主义中国化时代化和中国式现代化的崭新方向,生动反映了中国无产阶级革命的彻底性,印证了马克思关于无产阶级革命的本质论述。历史充分证明,只有坚持马克思主义基本原理,结合中国革命发展实际,强化政党建设和路线建设,才能实现中国革命的胜利。应当充分认识到《哥达纲领批判》的当代价值,认真研读其中的原理和范畴,将之不断应用于无产阶级政党建设和斗争实践中,使其继续为开辟中国式现代化提供持久正确的理论引领。

（一）《哥达纲领批判》为进一步开拓社会主义政治经济学提供重要依据

《哥达纲领批判》中包含的政治经济学逻辑，是对无产阶级强化政治过程建设的重要支撑。马克思在《德意志意识形态》中指出，要"从直接生活的物质生产出发阐释现实的生产过程，把这种生产方式相联系的、它所产生的交往形式即各个不同阶段上的市民社会理解为整个历史的基础，从市民社会作为国家的活动描述市民社会，同时从市民社会出发阐明意识的所有各种不同的理论产物和形式，如宗教、哲学、道德等等，而且追溯它们产生的过程"[1]。马克思主义政治经济学深刻反映人类社会形态变迁的内在机制。马克思在《哥达纲领批判》中关于政治经济学的论述，结合了无产阶级斗争和无产阶级政党建设重要主题，是对原有政治经济学理论的又一重大扩展，进一步丰富了政治经济学批判的现实性和革命性，为无产阶级运动提供了重要社会理论指导。

《哥达纲领批判》展示了坚持和巩固无产阶级斗争的政治要义，明确加强政治过程建设是一项全面、深层次的工作。马克思在作品中表达出了政党

1　《马克思恩格斯文集》第1卷，人民出版社2009年版，第544页。

建设的重要性。无产阶级政党应当始终重视自身建设，在革命路线上，应当充分反映无产阶级的阶级属性，同其他一切资产阶级性质政党划清界限，始终坚定和明确正确的革命斗争方法，树立牢固的政治形态。

第一，凸显加强马克思主义政党的政治能力建设的重要性。马克思在《哥达纲领批判》中，将革命路线、政党建设作为无产阶级革命中极为重要的问题，并且极为重视结合理论和现实，通篇都在深刻论证无产阶级革命的革命主题、革命对象、革命手段和革命最终目标等原则性问题。围绕这些问题，马克思、恩格斯坚定地站在科学的无产阶级革命立场上，告诫人们应当与一切虚伪和错误的思潮划分界限。在中国特色社会主义建设过程中，保持敏锐的政治判断力，坚持政治原则不动摇，是确保中国特色社会主义正确航向的决定性前提。

第二，展示马克思主义文化政治经济学理论体

1975 年，德国纪念《哥达纲领批判》发表一百年的邮票

系建设的内在逻辑。政治经济学是马克思主义的重
要组成部分，是无产阶级政党开展革命运动的重要
理论基础。马克思在《哥达纲领批判》中判断，《哥
达纲领》中所谓的西方"现代国家"，不过是德国
工人党提出的一种虚构，其本质就是资本主义社会。[1]
他基于社会发展的客观经济现实，直接指出，无产
阶级运动应当紧扣"现存国家的基础"，通过无产
阶级专政建立与时代相适应的无产阶级专政。这本
质上再一次强调经济基础与上层建筑的辩证关系，
展示了无产阶级斗争的理论逻辑。

第三，深刻阐述了马克思主义政治经济理论对
社会主义事业的引领作用。马克思主义政治经济学
是科学的历史观、社会观，为无产阶级描绘自由平
等社会提供了根本依据，对推动无产阶级事业具有
十分重大的意义。习近平总书记指出："马克思主
义是我们立党立国的根本指导思想。"[2]马克思主义
的形成，是人类生产方式达到一定阶段的必然。随
着中国特色社会主义事业的发展，马克思主义的真
理性不断得到验证，用马克思主义指导中国革命的
必要性也更加凸显。坚持马克思主义的指导地位，
包括坚持马克思主义政治经济学理论，对构建高水

[1] 《马克思恩格斯文集》第3卷，人民出版社2009年版，第444页。
[2] 习近平：《在庆祝中国共产党成立100周年大会上的讲话》，
人民出版社2021年版，第12页。

平社会主市场经济体制提供了重要理论指引，为实现中华民族下一个百年奋斗目标奠定了坚实的理论保障。

（二）《哥达纲领批判》为无产阶级及其政党不断开展伟大斗争提供重要指引

创作中的马克思

开展伟大斗争，是中国共产党长期以来的优良传统和工作思路，是对马克思主义关于人类社会发展动力的贯彻。中国共产党自从成立以来，先后在新民主主义革命时期、社会主义建设时期开展了武装斗争、社会建设，针对国内环境和国外形势，开展理论创新、实践创新，推动中国革命理论和现实取得重大进展，形成了具有中国特色的革命路线、革命成果。中国共产党始终注重将矛盾的观点和斗争的观点紧紧运用于革命建设实践当中，带领全国人民书写了波澜壮阔的斗争史。

马克思科学总结了人类历史发展的规律，归纳出生产力与生产关系、经济基础与上层建筑的矛盾是推动人类社会发展的最根本动力。同时，马克思主义哲学根据世界的根本特性，即物质性、运动性等，阐释了客观物质的发展特性和矛盾斗争性。马克思

和恩格斯在《德意志意识形态》中就
指出："实际上，而且对实践的唯物
主义者即共产主义者来说，全部问题
都在于使现存世界革命化，实际地反
对并改变现存的事物。"[1] 马克思对
历史发展一般规律的发现，不仅解开
了人类社会历史和自然历史发展的奥
秘，也为工人阶级开展革命斗争提供
了科学依据，寻找到未来目标。

《德意志意识形态》
节选本，人民出版
社 2018 年版

　　中国共产党人是历史唯物主义的
坚定实践者。在长期革命和建设过程中，党科学运
用唯物辩证法推动事业发展，带领中国人民牢牢扎
根中华大地，既开展改造自然的伟大斗争，又开展
创造新社会的伟大斗争，在革命和实践过程中，丰
富了马克思主义的主观辩证法，充分印证了矛盾的
斗争性与同一性特征，实现了中华民族近代以来在
物质生产力、社会政治制度、社会精神文明的深远
变革。

　　《哥达纲领批判》蕴含的丰富斗争理论，为中
国特色社会主义事业和国际共产主义运动提供了巨
大理论指导和现实启迪，为全世界无产阶级展示了
富含哲学、政治经济学和科学社会主义的科学理论。

1　《马克思恩格斯文集》第 1 卷，人民出版社 2009 年版，第 527 页。

三峡水电站

马克思通过阐述，切实用矛盾方法分析实践，例如，将人劳动的自然属性与社会属性有机结合，实现客观辩证法与主观辩证法的充分结合。正如马克思指出的，自然界本身也是使用价值的源泉，劳动产品如果要成为商品，也必须经历社会化的过程。他以

白鹤滩水电站

物质观作为出发点，将自然界和人类社会中包含的矛盾关系，应用到对劳动、工资、国家、民族等概念的分析中，为工人阶级及其政党开展科学的革命斗争提供了多方面遵循。

人民英雄纪念碑

习近平总书记指出："新的征程上，我们必须增强忧患意识、始终居安思危，贯彻总体国家安全观，统筹发展和安全，统筹中华民族伟大复兴战略全局和世界百年未有之大变局，深刻认识我国社会主要矛盾变化带来的新特征新要求，深刻认识错综复杂的国际环境带来的新矛盾新挑战，敢于斗争，善于斗争，逢山开道、遇水架桥，勇于战胜一切风险挑战！"[1]100 多年以来，中国共产党始终运用马克思主义基本原理，带领中国人民在各个时期砥砺前行、开拓创新，不断让马克思主义中国化时代化和中国特色社会主义迸发出巨大活力。这是党和人民始终坚持伟大斗争，不断开拓民族发展新境界的结果，也是党带领中国人民面对未来风险挑战，继续开展伟大斗争的底气所在。

1　习近平：《在庆祝中国共产党成立 100 周年大会上的讲话》，人民出版社 2021 年版，第 17 页。

（三）《哥达纲领批判》为不断开拓政治经济学批判新境界提供重要指引

开拓当代中国马克思主义政治经济学新境界，是发展当代 21 世纪马克思主义的重要工作，是筑牢中国特色社会主义理论体系，构建高水平社会主义市场经济的重要基础。党的十一届三中全会以来，建立中国特色社会主义市场经济，成为解放社会主义生产力的重大举措。事实也证明，中国特色社会主义为实现中华民族伟大复兴中国梦开辟了正确道路。其间，无数中国特色社会主义事业的生动实践，为开拓政治经济学批判新境界提供了牢固的现实依据。

马克思政治经济学批判，涵盖了人类生产生活的全面理论和环节，从劳动过程中涉及的人与自然关系出发，再到劳动产品被赋予社会属性，以及商品经济批判等，马克思政治经济学真正诠释了人类生产生活的关系实质。

劳动价值理论，是马克思恩格斯政治经济学批判的重要武器和理论基础，是将哲学和政治经济学批判这两种理论体系相连接的纽带。在《哥达纲领批判》中，马克思充分结合哲学和政治经济学批判原理，对德国革命和革命政党进行批判，充分反映出劳动价值理论不仅是一种单纯的学术理论，更是一种能够真正指导人类发展的革命理论。在这部作品中，马克思运用了不同的理论话语，归根到底，是要用尽可能丰富和广泛的语言，不断纠正和指明无产阶级运动的正确方向，实现马克思主义的理论、话语和现实相统一。

《哥达纲领批判》创作于西方产业革命和阶级革命剧烈开展之时。在那样一个加速生产、科技加速更新的年代，无产阶级及其政党在面对社会的全面革新时，需要有马克思和恩格斯的及时指引。马克思在《哥达纲领批判》中，以劳动价值理论作为切入点，赋予政治经济学更强的现实性，是对《资本论》及之前著作中相关政治经济学的重要发展，更加具备指导无产阶级革命实践和政党建设实践的特性。当前，中国特色社会主义市场经济体制持续深化改革，新产业、新业态不断出现，给马克思主义政治经济学提出了新课题，也更加凸显当代马克思主义政治经济学的理论指导意义。

面对更加复杂的国内外经济社会发展形势，解放生产力、发展生产力，不断完善社会主义市场经济体制，对中国特色社会主义事业来说异常重要。中国共产党坚持从马克思主义经典文本中获得真理，不断在现

中国反贫困斗争的伟大决战

新华社记者

《中国反贫困斗争的伟大决战》，人民出版社 2017 年版

实中运用和发展理论，为马克思主义政治经济学发展开辟了新路径。在"两个大局"背景下，世界经济形势发展出现更多更大变数，民族主义、保护主义抬头，给经济全球化带来了诸多不稳定因素。面对新形势新挑战，中国共产党牢牢抓住发展主线，作出一系列重要部署，社会经济平稳运转，从现实层面极大推动了马克思主义政治经济学发展。

（四）应当如何运用好《哥达纲领批判》？

坚持学经典、用经典，以科学的世界观方法论指导理论体系创新，是中国共产党发展马克思主义哲学的理论动力。创新是马克思主义强大活力之源，是共产党人发展马克思主义的神圣职责。马克思主义创新不是凭空主观臆造的。在长期的革命、建设、改革过程中，中国共产党始终运用马克思主义世界观和方法论分析形势变化，始终遵循和运用共产党执政规律、社会主义建设规律、人类社会发展规律，形成了科学传承、科学构建、科学践行、科学总结的实践理论创新传统。

充分发挥《哥达纲领批判》的现实意义，需要充分加强对以下几个马克思主义范畴的把握：首先，正确认识劳动价值理论在当前的实际作用。进一步强化认识脑力劳动和体力劳动的对立统一关系，并

且运用这种关系，分
析社会主义市场经济
的劳动类型和劳动特
点，科学设计劳动产
业和劳动体制转变，
在生产力尚不发达的
阶段，将劳动价值论
作为当前按劳分配为

上海中共一大会址

主体、多种分配方式并存的理论指导。其次，正确
认识共产主义自由和平等的科学内涵。自由和平等
是社会主义核心价值观的重要组成部分，充分说明
社会主义制度保障人民的基本权利。要彻底辨别社
会主义自由、平等范畴与西方的话语差异，运用科
学的人类发展视角，科学阐释共产主义自由、平等
和实现人的解放的科学内涵。最后，在尚处于社会
主义初级阶段的今天，要进一步巩固人民民主专政，
继续加强国家政治体制建设。在世界处于百年未有
之大变局背景下，人民政权仍然需要面对各类复杂
的环境和局势，只有充分加强人民民主专政，才能
确保中国特色社会主义事业的坚强有力发展。

　　《哥达纲领批判》中蕴含丰富的马克思主义基
本原理，需要予以深入归纳和总结。

　　第一，要不断完善对《哥达纲领批判》的理论
内涵和贡献的阐释。《哥达纲领批判》涵盖多维领域，

遵义会议会址

是革命观、历史观、世界观、时代观的充分统一体，是哲学、政治经济学、社会学的有机呈现。在新时代理解《哥达纲领批判》，要结合当代和未来人类生存环境、自然科学进展、世界发展进程和时代特点等要素，对文本和思想形成过程进行深刻研究。首先，要充分认识《哥达纲领批判》的创造性理论成果。结合具体的时代背景、社会背景和革命背景，发掘马克思批判的时代必要性和理论基础，进一步意识到其创造性理论贡献。其次，要充分认识该作品在马克思理论发展过程中的重要地位。该作品从不同角度和方法论证了马克思的哲学、政治经济学和革命思想，充分显示马克思主义对实践的指导意义和开放性特征。最后，要充分认识该作品对马克思主义和国际共产主义运动宗旨的守护。马克思在生前面对国际共产主义运动中的错误思想，与恩格斯共同拨正革命方向，与无政府主义及其他错误思潮展开激烈斗争，维护了无产阶级理论和革命实践的正确道路，为世界其他国家民族的社会主义革命和独立革命提供了关键指导。

第二，要进一步从思想史角度把握《哥达纲领

批判》的形成历程和特征。马克
思在理论探索阶段经历了巨大的
视角变化和方法转变，这些转变，
是与 19 世纪自然科学、工人运动
和资本主义新发展紧密联系的，
蕴含了丰富深刻的理论形成内涵。
从思想史角度把握马克思的发展
历程和特征，进而全方位解读马
克思的作品，是在继承和发展马
克思主义的必要工作。马克思对

《国际歌》简谱

无产阶级运动的分析，始终是同时代背景和国际背
景紧密结合在一起的。他能够站在人类解放事业的
高度，摆脱传统的革命旧话语，跳出就革命谈革命、
就工人谈工人的片面论述方式，用广阔的国际视野、
准确的阶级陈述、紧密的历史衔接，展现出寓理、
寓势、寓实的无产阶级革命分析方法，这些体现了
马克思严谨、细致的理论创作风格，对分析中国社
会主义革命建设史、革命文化理论史具有重要的参
照意义。恩格斯就指出："旧的自然哲学，特别是
在黑格尔的形式中，具有这样的缺陷：它不承认自
然界有时间上的发展，不承认'先后'，只承认'并
列'。"[1]马克思对德国古典哲学方法进行了突破式

---

[1] 《马克思恩格斯文集》第 9 卷，人民出版社 2009 年版，第 14 页。

[德] 恩格斯：《反杜林论》，人民出版社 2018 年版

改革，实现了对哲学社会科学的历史化延伸。恩格斯在《反杜林论》中还说："关于自然和历史的无所不包的、最终完成的认识体系，是同辩证思维的基本规律相矛盾的；但是，这样说决不排除，相反倒包含下面一点，即对整个外部世界的有系统的认识是可以一代一代地取得巨大进展的。"[1] 马克思、恩格斯指出了以黑格尔哲学为代表的德国传统哲学始终无法突破"绝对真理"体系的普遍困境。因此，只有用历史化和现实化的考察方法，才能够科学认识马克思的根本立场，这是我们应当具备的基本意识。

第三，要进一步结合当前时代特点诠释作品的深刻内涵。在新时代，社会主义理论需要不断发展，政党、国家发展需要科学的学理支撑。科学社会主义焕发强大生机活力，是马克思主义真理性的集中彰显。中国特色社会主义进入新时代，意味着中国和世界的社会主义革命及理论建设进入完全崭新的阶段。要让马克思主义在新时代继续展现真理力量，要求我们在新时代中不断发展其理论内核，将其延伸成为符合当下时代话语和时代形势的理论形式。固然现在的时代同马克思和恩格斯所在的时代远远

1　《马克思恩格斯文集》第 9 卷，人民出版社 2009 年版，第 27 页。

不同，但是，要深刻体会到，马克思在创作理论和指导革命时，面对的同样是一个人类未有之大变局。他和恩格斯在创立马克思主义时，正处于欧洲封建主义和

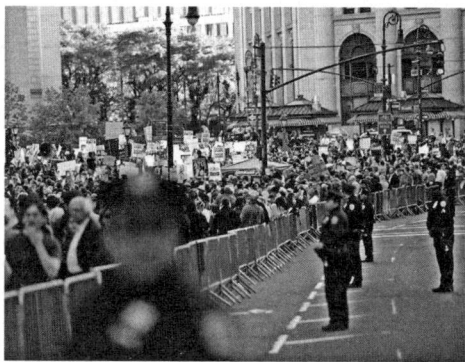

2011年"占领华尔街"运动中的美国民众和军警

宗教统治体制在资本主义的冲击下不断解体，无产阶级力量和觉悟不断提高，工人运动爆发，自然科学取得巨大进步，以及欧洲传统哲学思想的弊端逐渐体现的理论和时代背景下。他们从哲学、经济学和科学社会主义角度，对当时既有的文明进行颠覆性革新，描述了人类社会接下来的发展和进化图景。

在新时代，人类又一次面临大变局，此时世界的科技水平、国际局势、生产力水平同19世纪已不可同日而语，但是，重新阐释无产阶级理论创始人的理论生成逻辑，将时代的形势格局之变与马克思主义基本原理之不变结合起来，将马克思主义作为实践的科学同当下中国特色社会主义的具体实践结合起来，发展好21世纪中国的马克思主义，是当前十分重要的理论工作。